四季を通じて美しい

宿根草の庭づくり

監修 大滝暢子

成美堂出版

宿根草の魅力

宿根草は環境さえ整えば、
一度植えたら毎年芽を出し
季節が訪れると、毎年花を咲かせてくれます。
花期が異なる宿根草を植えると、季節感が味わえ
年々大きく育っていくのも楽しみ。
日陰で育つもの、日向の乾いた場所を好むもの
湿地で育つものなど、
好む場所は種類によっていろいろです。
常緑のものであれば、花が咲いていない時期も
ガーデンが寂しくならず、
枯れて翌春に芽を出す落葉性の宿根草は
生命の息吹を感じさせてくれます。
芽出しから花が咲き、種になるまでの姿を愛でると
自然の営みの美しさや風情を感じるはず。
年々成長する姿を間近で感じ、
環境と協調する姿を見るのは
宿根草を育てる醍醐味です。
自然を身近に感じる存在、それが宿根草です。

チーゼルのシードヘッド。

暑い時期も元気に咲いてくれる
ヘレニウム'サヒンズアーリーフラワラー'。

目次

Part 1

Part 2

LESSON 2 植栽デザインのコツ

LESSON 3 一年間の作業

Part 3 お手本にしたい宿根草ガーデン……81

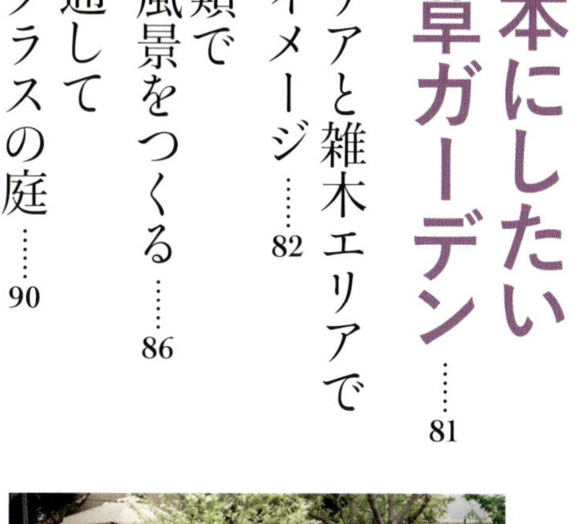

庭を彩る宿根草図鑑……97

本書に出てくる用語

株立ち
茎や木の幹の根元から複数の茎や幹が立ち上がることを株立ちといいます。

休眠期
植物が成長を休んでいる時期のこと。冬に休眠期を迎える植物だけではなく、夏に休眠期を迎える植物もあります。

シードヘッド
種をつけた花がらのこと。自然の造形美が庭の構成要素として注目されています。

たい肥
枯れ葉や木くず、わら、カットしたグラス、生ゴミ、家畜のフンなどの有機物を、微生物によって分解発酵させたもの。

摘心（てきしん）
苗の最先端にある芽を摘み取る作業のこと。摘心することでわき芽が伸び、枝数がふえて花数がふえたり、二番花、三番花を促す効果があります。ピンチともいいます。

根鉢
植物の根と、根が抱え込んだ土が一体になっている部分。ポットや植木鉢に植えられた植物は、鉢の中で根が伸びて鉢の内側に沿って根がまわり、根鉢がかちかちになる場合もあります。

斑入り葉
葉に葉緑素が少ない部分や含まれない部分があり、白、クリームイエロー、薄緑色などの模様が入る葉のこと。葉緑素がない部分は光合成ができないため、生育が穏やかになりがちです。

マルチング
植物を植えた地表面を、バークたい肥（p70）やウッドチップなどで覆うこと。急激な地温の変化を防ぎ、霜柱の防止、乾燥の防止にも。また、雑草を防ぐ働きや、泥はねを防ぎ病気にかかりにくくする働きもあります。

ロゼット
地ぎわから出た葉を放射状に広げて、地面にぴったりついた状態のこと。冬越しの形態のひとつです。

図鑑の見方

本書ではp56〜64、p97〜124に図鑑ページを設けています。以下、図鑑の見方を説明します。

① リクニス・フロスククリ
② *Lychnis flos-cuculi*
ナデシコ科 ──③
④［花期］春〜初夏 ⑤
［休眠期の株の状態］常緑〜半常緑
⑥［草丈］30〜60cm ［日照］日向 ⑦
⑧［耐暑性］■■■ ［耐寒性］■■■ ⑨
⑩ 別名カッコウセンノウ。春に長い花茎を伸ばしてふんわりと美しいピンクの小花をたくさん咲かせます。野趣あふれる花で洋風・自然風の庭に合います。やや湿り気を好み、こぼれ種でもふえます。

① 植物名
その植物の一般的な名前

② 学名
属名+種小名が基本。また、*Phlox carolina* 'Bill Baker' のように、品種名が加えられることもあります。また、属全体の説明や交雑種などで種小名が特定できない場合は、種小名は省略しています。

③ 科名
原則的にAPG IVの植物分類体系に基づいた科名を記してあります。研究者の間でも異説のある植物もあります。

④ 花期
その植物が花を咲かせるおおよその時期です。日本は南北に長く、同じ植物でも地域によって花期が異なります。また昨今は異常気象の影響もあり、花期が大きくずれることもあります。そのため、花期はあくまで目安とお考えください。
※関東平野部を基準にしています。

⑤ 休眠期の株の状態
常緑……休眠期も落葉しない植物。
半常緑……ロゼットなどで、冬芽が地上部に出ている植物。
落葉……地上部が枯れて、地中で冬越し、または夏越しをする植物。
なお低木は、代わりに落葉低木、常緑低木などの性質の説明が入ります。

⑥ 草丈（樹高）
十分に成長した場合の高さ。花茎の高さも含めています。なお樹木の場合は樹高を表示しています。

⑦ 日照
日向……日中のうち半日以上、日が当たる場所。
半日陰……午前中か午後に2〜3時間、直射日光が当たる場所。
明るい日陰……直接光は当たらないけれど、間接光や木漏れ日が差し込むような場所。

⑧ 耐暑性
■■■→強……暑さに強い植物です。
■■□→普通…暖地ではなるべく涼しいところで夏越ししましょう。
■□□→弱……真夏日（最高気温30°C以上）が続くと生育が衰え、場合によっては枯れることもあります。冷涼地向きです。

⑨ 耐寒性
■■■→強……−10°Cになっても、地植えで冬越しできます。
■■□→普通…−5°C程度なら地植えで冬越しできます。
■□□→弱……0°C以下になると冬越しできません。

⑩ 品種の特性
その植物の特徴や性質、品種によっては育て方のポイントなどを説明しています。

Part 1 “これから”の庭づくりを考える

夏の酷暑や、季節によっては大雨など
気候が厳しくなっている昨今。
そんな時代にあった庭づくりを提案します。

ナチュラリスティック・ガーデンの要素を取り入れる

芽出しから枯れ姿まで植物の一生を味わう

ナチュラリスティック・ガーデンとは、直訳すると「自然風の植栽」。植物本来の姿を大切にし、四季を通じて植栽全体の質感と色彩の変化を動画のように堪能する庭のことです。

従来のガーデンは、花盛りの瞬間をより美しく見せることが主眼になりがちでした。一方ナチュラリスティック・ガーデンは、植物の一生すべてを味わうガーデンです。芽を出し、花を咲かせ、やがて枯れていくまでの植物のサイクルすべてを観賞できるよう、美学に基づいて自然な眺めを創造する。それがナチュラリスティック・ガーデンです。そのため、シードヘッド（種のついた花がら）や冬枯れの立ち姿の美しさなども意識します。

風や光も景観の一部

花を選ぶ際は、色だけではなく、形や質感、造形美などにもこだわ

風にそよぐスティパ・テヌイッシマ。

風や光を感じて

風にたなびく葉や茎、逆光に輝くグラスの穂など
自然がもたらす動きや光も
庭の魅力を増す大事な要素です。

ります。もちろん植物全体のフォルムも大事です。極論すると、モノクロ写真で撮影しても美しい庭を目指す、といってもよいでしょう。また、風にそよぐグラスは、自然の息吹を表現するためにも、できれば取り入れたい植物です。

丈夫な宿根草やグラス類のなかから品種を選んで多様に使うのも、ナチュラリスティック・ガーデンの特徴です。植物の種類が少ないと生物相が偏りがちですが、多種多様な宿根草を植えることでさまざまな虫や生物が集まり、生物多様性にも寄与できます。

p8〜13は公園のコミュニティーガーデンの一角ですが、個人の庭でも、ナチュラリスティックな雰囲気を出すことは可能です。植物本来の自然な美しさを堪能する庭づくりを、ぜひ試してみませんか。

アスター‘リトルカーロウ’に止まるアオスジアゲハ。

ルドベキア‘ゴールドストラム’のシードヘッド。ルドベキアの左のグラスはエラグロスティス・スペクタビリス、後ろはカラマグロスティス・ブラキトリカ。

植物の一生を愛でる

花が咲き終わっても花がらを切らず、ときには種や枯れた姿も楽しんで。
一年を通して植物の表情を味わうのが
ナチュラリスティック・ガーデンの醍醐味です。

光と風でドラマチックに

光と風で表情が変わるグラス

写真で紹介しているガーデンは海が近く、風がよく吹くので、そよ風によって表情が変わるグラス類を多めに配置しています。また、ガウラやセンニチコウ'ファイヤーワークス'など風で揺れる花も取り入れています。

グラス類の穂は逆光を受けるとキラキラ輝きます。とくに日の出前後や夕方の「マジックアワー」と呼ばれる時間には、格別な美しさを見せてくれます。また、複数の品種のグラスを植えることで、花と引き立て合い、よりナチュラルな風景が生まれます。

花のリレーを楽しむ

花期の異なる植物を植えると、季節の移ろいに合わせて「花のリレー」が楽しめます。たとえばp10春とp11初夏、p12秋の写真は同じエリアです。季節ごとの風情を堪能できるよう、植物を選んでいます。

春

桜が咲く頃、スイセンやラナンキュラス ラックスが
花を咲かせパッと華やかになります。
スティパ・テヌイッシマのやわらかな新芽も風に揺れ始め
手前の黄金シモツケの新芽も鮮やかです。

ラナンキュラス ラックスと黄金シモツケのイエローが呼応し合い、春らしい風景に。

ラナンキュラス ラックス

宿根草
1 エキナセア・パリダ
2 バーベナ・ボナリエンシス
3 カラマグロスティス'カールフォスター'
4 ディエテス・イリディオイデス
5 スティパ・テヌイッシマ

初夏

春と同じ場所、スティパ・テヌイッシマの花穂がふわふわになり初夏の風にそよいでいます。草丈が高くなる宿根草の花がナチュラルな風情を演出。

淡い色合いで、さわやかな印象に。

夏

風で揺れる質感の異なるグラスの間から宿根草の花が次々と咲きます。エキナセアとベロニカストラムが咲く夏は、ガーデンがひときわ華やかになる季節です。

宿根草
1 エキナセア'マグナス'
2 ベロニカストラム・バージニカム
3 モナルダ'ピンクレース'
4 アリウム'サマービューティ'
5 ガウラ'フェアリーズソング'
6 ミューレンベルギア・レバコニー

花径や花形が異なる花と、やわらかく細いグラスのコンビネーション。

秋

グラスの合間からアスター'リトルカーロウ'の紫、
リアトリス、エキナセア、エリンジウム・ユッキフォリウム、
バーベナ・ボナリエンシスなどのシードヘッドが透けて見え、
手前のスティパ・テヌイッシマには光が当たり、キラキラ輝いています。
植栽全体の色彩、質感、光と影の美しさの競演は、
まさに秋のガーデンの醍醐味です。

植栽のきわの黄色い花は、一年草のヘレニウム'ダコタゴールド'。

冬は庭全体がブラウンの世界に。
淡いベージュが美しい
カラマグロスティス・ブラキトリカは
穂のフォルムをしっかりと残し
立ち枯れたオミナエシの造形美も
際立っています。

グラスはイトススキと、
カラマグロスティス・ブラキトリカ。

風を感じるオーナメンタルグラス

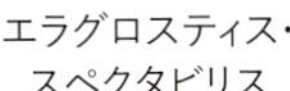

エラグロスティス・スペクタビリス

パニカム'シェナンドア'

カラマグロスティス・ブラキトリカ

スキザクリウム'スタンディングオベーション'

ペニセタム'カシアン'

ミューレンベルギア・カピラリス

風に揺れるさまが魅力的

花火のような花形がかわいい
センニチコウ'ファイヤーワークス'。
グラスやガウラと一緒に
風でふわふわと揺れます。

光と影が織りなす幻想的なドラマ

逆光を浴びて輝くミューレンベルギア・カピラリスの穂と
影から生まれる絵画のような風景。秋の"特別な時間"のギフトです。

秋の風情豊かな花

オミナエシ

ノコンギク'魁(さきがけ)'

シュウメイギク

アスター'リトルカーロウ'

シオン

花のリレーを楽しむ 宿根草ガーデン

花期の違いや開花期間の長さで工夫を

一年を通して花を楽しみたい場合は、花期の異なる宿根草を組み合わせてガーデンを構成します。ただし宿根草の多くは初夏から勢いが出るため、冬から春は寂しくなりがちです。春先はチューリップやスイセン、アネモネなどの春咲き球根植物や、パンジーやリナリアなどの一年草を植えると、冬から春に彩りを添えられます。

開花期間の長い植物を取り入れるのもポイントです。たとえば初夏の写真のアルストロメリア'サマーブリーズ'は四季咲き性のある品種で、初夏から晩秋まで花が咲きます（通常アルストロメリアは一期咲き性）。

植物の組み合わせを考える

カラーリーフや葉の見ごろが長いグラス、立ち姿やシードヘッドの観賞価値がある植物なども取り入れましょう。こうした工夫をすると、年間を通して見どころが途切れません。

宿根草を主体にして印象的なガーデンにするためには、形や大きさ、質感の異なる植物を組み合わせるのがポイントです。たとえば初夏の写真のサルビア・ネモローサ'カラドンナ'は縦の線が強調され、手前のカンナ'ベンガルタイガー'は明るい色の大きな葉が特徴的。手前のアルストロメリアと組み合わせると、コントラストが際立ちます。

ガーデン全体のイメージや配色、植物の選び方やガーデンデザインの具体的な方法は、Part 2で詳しくご説明します。

早春〜春

宿根草の株間に春咲き球根やリナリアやビオラなどの一年草を入れることで冬から春にかけて彩りが生まれます。

イエロー〜オレンジの類似色で花色を統一。

球根植物 ❶チューリップ'バレリーナ' 一年草 ❷リナリア ❸ビオラ

一年草のオルラヤがふわふわっと風景を囲み、初夏らしい風景に。

初夏

イエロー～オレンジ色中心のガーデン。
サルビア・ネモローサ'カラドンナ'の
縦の線がアクセントに。

宿根草

1. バプティシア
'カロリーナムーンライト'
2. サルビア・ネモローサ
'カラドンナ'
3. カンナ'ベンガルタイガー'
4. アルストロメリア
'サマーブリーズ'
5. バーベナ・ボナリエンシス

一年草

6. オルラヤ
7. パンジー
8. ノースポール

ヘレニウム'サヒンズ アーリーフラワラー'
は四季咲き性があり、秋まで繰り返し咲く。

夏

カンナやヘメロカリスなど
ビタミンカラーの花が咲くと
見ているだけで元気になりそう。
ヘレニウムもエキナセアも
耐暑性にすぐれており、
昨今の夏の暑さにも耐えてくれます。
カラーリーフとしても存在感のある
カンナ'ベンガルタイガー'が
風景の骨格となっています。

夏に咲く宿根草

アキレア
'ウォルターフンク'

ヘレニウム'サヒンズ
アーリーフラワラー'

エキナセア
'マグナス'

ヘメロカリス

カンナ
'ベンガルタイガー'

パニカム
'ノースウィンド'

エキナセアの
シードヘッド

ソリダゴ
'ファイヤーワークス'

セダム
'オータムジョイ'

パニカム'チョコラータ'

秋のガーデンを
彩る植物

秋

立ち姿、花穂、花色が美しい
パニカム'チョコラータ'やパニカム'ノースウィンド'。
秋は'チョコラータ'は赤みが強くなり、
'ノースウィンド'は黄色く色づき、季節を感じさせてくれます。

銅葉のハイビスカス'マホガニースプレンダー'
が風景を引き締めている。

シェードガーデンで緑豊かな景色を

日傘になる樹木を利用

ナチュラルで緑豊かな景色を望むなら、シェードガーデン（半日陰〜日陰の庭）はうってつけです。夏の気温が高くなりがちな昨今、山や林の自然な風景を切り取ったかのように庭に落葉樹を取り入れると、樹木が日傘のように庭の下草や住居を覆ってくれます。夏は木陰となって過ごしやすいですし、木が下草を守り、家屋の室内の温度を下げる効果もあります。

ただし植物は光合成によって栄養分をつくるため、ある程度日が当たらなければ宿根草も花木も花芽ができず、花は咲きません。ですから色鮮やかな花を咲かせる植物や切り花に向く華やかな花を楽しみたい方には、シェードガーデンは残念なことも多いのです。

葉の美しさに注目

シェードガーデンに向くのは、湿り気をある程度好む植物です。半日陰を好むこうした植物は、雨が多い梅雨の間も美しさを保ってくれます。ポイントは、グラウンドカバーになるリーフの宿根草を中心に裸地を覆うこと。裸地をなくすと、雑草が生えにくくなります。

また、日当たりのよい場所に比べると土が乾きにくいのも利点です。地植えの場合、基本的に水やりは雨水ですが、昨今の気候変動で夏はとくに水やりが必要になってきます。シェードガーデンでも酷暑が連続すると、ときどき夕方に水やりが必要になる場合もありますが、日当たりのよい庭ほどの頻度は必要がありません。ローメンテナンスで管理に手間があまりかからないので、「日陰でよかった」と思える庭ができるはずです。

また、花はひとときのものですが、葉色や葉形、立ち姿は長期間楽しめます。それを意識して組み合わせることで、美しい植栽になります。植物の選び方は、Ｐａｒｔ２で紹介しています。

葉形や葉色を楽しむ

左下のシュウメイギクは、秋の花期以外は葉が土を覆いグラウンドカバーとして活躍。

半日陰を彩るのに欠かせないのが、葉が魅力的な植物。植物の葉形や葉色の違いに注目し、上手に生かすと、花が咲いていない季節も魅力的な空間が生まれます。

カラーリーフや山野草を生かした、野趣のあるしっとりとした半日陰の庭。

光の当たり具合で植物を選ぶ

ひとくちに半日陰の庭といっても一日に数時間光が差す場所もあれば塀のきわや木の下など、一日を通して光が当たりにくい場所もあります。また、季節によっても光の当たり具合が違うのでチェックしたうえで植物を選びましょう。

レイズドベッドに植えられた植物が
部屋からよく観賞でき、
四季を通じて景色を楽しめます。

バードバスに水浴びに来るシジュウカラ。

部屋からの景色を楽しむ

東京都 大滝邸

高低差をつくり立体的に

この庭のテーマは「部屋から庭の景色を眺めて楽しむ半日陰の庭」。庭の南側に隣家があるため、日陰になりやすい立地です。それを逆にメリットと捉え、雑木を植えてシェードガーデンにしました。

幅は約10m、奥行きは広いところで3mしかありません。そのため夏は庭にも日が入りますが、冬は室内には日光が届くものの庭には直射日光がほとんど当たりません。石積みを設けることで日光が下草にも当たりやすい環境をつくり、室内から草丈の低い草花もよく観賞できるようにしました。バードバスも設けたので、野鳥が水浴びする様子をいつでも室内から見ることができます。

樹木の下に山野草を

落葉樹を植えることで、奥行き感と立体感が出ます。下草には半日陰を好む山野草も多く取り入れています。また、華やかさを出すため、半日陰でも育つ一年草を植えています。

春、ヒカゲツツジの花が春の訪れを告げると山野草が次々に咲き、樹木の新緑に包まれる頃にはギボウシやフウチソウなどカラーリーフ中心の庭に。秋には木々や下草が紅葉します。地表面を下草が覆うことでグラウンドカバーとなり、雑草が生えにくく、管理も楽です。

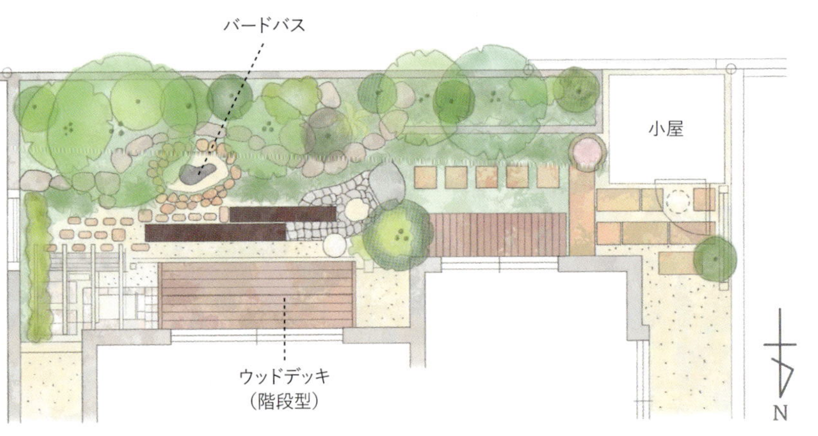

通路は自然石や枕木、レンガ、砂利などを利用してリズミカルに。

［デザイン］ガーデンスタジオ小手毬

斑入り葉や黄金葉の植物を多く入れると、半日陰が明るくなる。

夏～秋はサンパチェンスやプレクトランサスのリーフを入れて。

散り斑の葉が特徴のヤマアジサイ‘九重山’。

春はレイズドベッドにパンジーを植えて華やかに。

春

宿根草の株間に植えたパンジーやスイセンが咲いて華やかに。右手のヒカゲツツジの花が庭に明るさを演出します。

落葉樹が茂る前の春は、パンジーや春咲き球根の花が庭に彩りを添える。

初夏

緑が一番美しい季節。中木や低木、宿根草の葉がそれぞれの魅力を全開にします。フウチソウ（斑入り）、広葉のギボウシなど葉形や葉色の違うものどうしを組み合わせるのがポイント。

通路の奥はオリジナルの物置。

秋

ナツハゼは紅葉、シロモジは黄葉し、すっかり秋らしい風情に。
アロニアの赤い実も、風景に秋らしさを添えています。
アマドコロ（斑入り）やギボウシの葉も黄葉を楽しむためしばらくそのままに。

ベゴニアなど華やかな一年草の花は、日光の当たる場所に移動できる鉢植えで楽しんでいる。

明るい日陰で咲く花

四季を通じて花を楽しめるよう、花期の異なる花を植えています。

シャガ（晩春）　キバナホウチャクソウ（春）　イカリソウ（春）　プルモナリア（春）　ヘレボルス（春）

ノコンギク（秋）　ホタルブクロ（初夏〜夏）　ギボウシ（夏）　ゲラニウム（晩春〜初夏）　ティアレラ（晩春〜初夏）

西側からバードバス越しの風景。レイズドベッドの日が当たる部分に春咲き球根やパンジーなどの一年草を植えてある。

表情豊かな木

花や実、紅葉を楽しめる落葉樹や実のなる常緑樹など、
中高木、低木を合わせてさまざまなタイプの
木を取り入れることで、季節感が楽しめ、
庭が立体的になります。

ヒカゲツツジ　コバノズイナ

アロニア　シロモジ

ナツハゼ　オトコヨウゾメ

秋

すっかり秋色に染まったガーデン。向かって左の紅葉している木はナツハゼ、右手のウッドデッキのきわはミツバツツジ、奥の黄葉している木はアオハダです。黄葉したフウチソウも、秋の風情を添えています。

落ち葉も秋の風景に風情を添えている。

雑木を生かした癒やしの庭

東京都 鈴木邸

南側に家が建ったことで庭の環境が変化したため、雑木中心の半日陰の庭にリメイク。部屋から見える場所はレイズドベッドにし、ウッドデッキ越しでも下草が見えるようにデザインされています。

季節の草花は、風景に溶け込む淡いパステル調の花色や白花が中心。宿根草の花は花期が短く儚いですが、多様な葉形や葉色の植物を組み合わせることで、植栽の美しさが続きます。

樹木の変化も見どころ

斑入り葉、黄金葉、ブルー系など多彩な下草を引き立てるよう、樹木は基本的にグリーンの葉のものが中心。アロニアやオトコヨウゾメ、ナツハゼ、フォッサギラ、ジューンベリーなど花や実、紅葉が楽しめる樹木も取り入れ、季節ごとの樹木の変化も見どころです。

環境の変化に合わせる

庭の場所によって比較的日当たりのよい場所と日陰になる場所があり、それぞれの環境に合った植物を植えています。10年経ち、木が育つと日陰の度合いがふえ、衰退する植物もでてきます。その際は、環境を見ながら植え替えや土壌改良、株分けをするなど、工夫しながら育てています。

鈴木さんにとって、定年後の最大の楽しみがガーデニング。テラスでお茶を飲みながら庭を眺めるなど、自宅にいながらにして別荘気分を味わっているそうです。

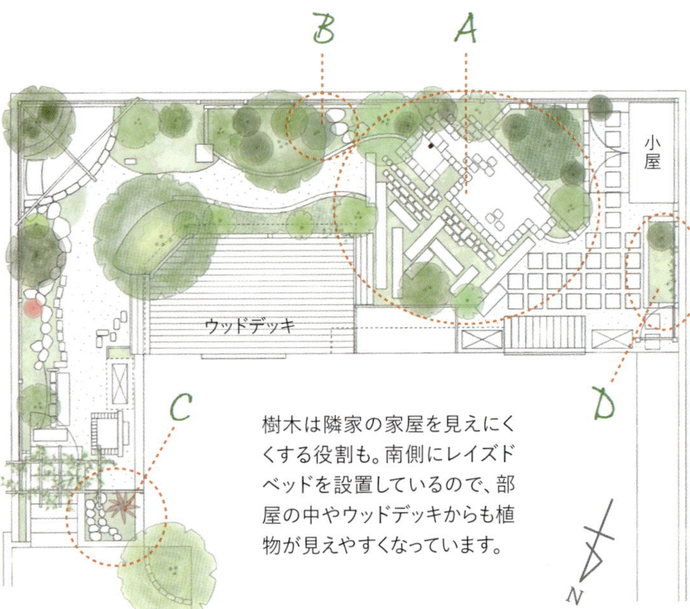

樹木は隣家の家屋を見えにくくする役割も。南側にレイズドベッドを設置しているので、部屋の中やウッドデッキからも植物が見えやすくなっています。

［デザイン］ガーデンスタジオ小手毬

初夏

P24平面図の向かって左側から、右側の小屋の方角を見たところ。レイズドベッドや鉢台で、日当たりのよい場所をつくっています。比較的、日が当たる場所には季節の一年草を。幅が狭い通路沿いは高低差をつけると、庭にリズムが出ます。

A

Point 葉色や葉形で豊かな表情をつくる

ウッドデッキ向かいのレイズドベッドには、さまざまな葉形・葉色の宿根草が植えられています。斑入り葉のものだけで構成せず、緑葉も組み合わせ、立ち姿や葉形の違いを意識すると美しくまとまります。

低木のアナベルやミヤマシキミの濃い緑色がギボウシやエゴポディウムなどの斑入り葉や明るい葉を引き立てている。

葉色や葉形が楽しめる植物

斑入り葉や黄金葉は風景を明るくします。葉形の個性にも注目を。

ギボウシ‘ブルーカデット’

ギボウシ‘オリオンズベルト’

ニシキシダ

フウチソウ（斑入り）

ホウチャクソウ（斑入り）‘阿波の月’

ツワブキ‘天星’

イカリソウ

エゴポディウム‘バリエガータ’

クジャクシダ

シュウメイギク

タンチョウソウ

プルモナリア・アングストフォリア

ゲート部分にはツルアジサイを絡ませている。

❶ツルアジサイ　❷ツワブキ'天星'
❸ヒメカナワラビ　❹コルジリネ

Point

小スペースも葉の魅力で見せる

庭に続く階段沿いの小スペースや庭の角の日照が少ない場所も、葉色や葉形のコントラストで魅力的に見せることができます。

奥行きの狭いエリアにフウチソウ（斑入り）、アサギリソウ、ティアレラなど。

Point

フェンス沿いはつるバラで立体的に

隣家との境い目のウッドフェンスの下に枕木でレイズドベッドをつくり、フェンスにバラを誘引。ムラサキシキブ'紫々紫（しじむらさき）'は明るい緑に白斑が入る品種で、ときに葉が紫や紅を帯び、半日陰を明るくしてくれます。

❶ヤマアジサイ
❷ロジャージア'ブロンズビューティ'（ヤグルマソウ）
❸バラ'つるサマースノー'
❹ムラサキシキブ'紫々紫'
❺ヘデラ、ヒューケラ、カリブラコアなどの寄せ植え

ライフスタイルにあった庭づくり

どんなふうに庭を楽しむか

新たに庭をつくる場合は、「どんなライフスタイルを望んでいるか」を確認し、それに合った庭をつくることが大事です。この場合のライフスタイルとは、「どんなふうに庭を楽しみたいか」と、「どのくらいメンテナンスに時間がかけられるか」の2点です。

左上の写真はP24〜27で紹介した庭で、奥行きはそれほど広くありませんが、ウッドデッキのスペースをたっぷりとっています。樹木が多いので、ウッドデッキの椅子に座ると山間の別荘で過ごしているような気分に。「野鳥の声を聞きながらお茶を飲んだり読書をしたい」という夢がかなう庭です。木の剪定に関しては、時間に余裕がなかったり技術に自信がない場合はプロに任せてもよいでしょう。

効率的に管理するには

下の写真は、花も楽しみつつ、ほどほどのメンテナンスですむ庭です。サルビア'ミスティックスパイヤーズブルー'やフロックス・パニキュラータなどは、花がら摘みや切り戻しを行うと、繰り返し花が咲き立ち姿も乱れません。手間がかからないカラーリーフの低木やグラス類などを合わせることで、花の管理に集中できます。

また部分的にマルチングをして裸地を減らし、雑草が生えづらい環境にしています。なおライフスタイルに合った庭づくりに関してはP36〜37でも紹介しています。

庭の雑木は隣家の建物の目隠しにもなっている。

ウッドデッキでのんびり過ごしたい

ウッドデッキにはポリカーボネートの透明な屋根とシェードカーテンを完備。木々に囲まれた、のんびり過ごせるアウトドアリビングといえます。

ほどほどのメンテナンスで芝生と花を楽しみたい

庭の縁の部分のみを植栽エリアにし、残りのエリアは芝生に。
写真の左側は一段下がった駐車場で、駐車場から庭へ行く踏み石の間にグラウンドカバーとして、クリーピングタイムを植えています。

初夏の様子。白花のエキナセアやガウラがさわやか。

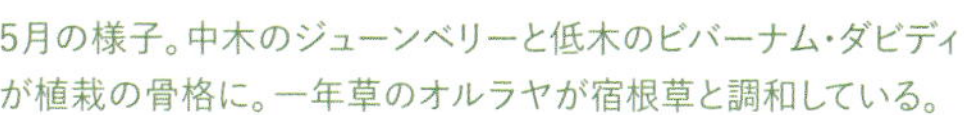

5月の様子。中木のジューンベリーと低木のビバーナム・ダビディが植栽の骨格に。一年草のオルラヤが宿根草と調和している。

四季の花を楽しめ五感で味わう庭

神奈川県 K邸

やさしい色合いの庭を

Kさんがもともと持っていたバラを生かして、新しく庭をデザインしました。希望はパステルカラーの花を楽しめるナチュラルなガーデン。バラに合わせて色彩の調和がとれるよう植物を組み合わせています。

Aは黄色いバラを生かしグラスも使いナチュラルに、Bは赤いバラとハーブ、Cは淡ピンクのバラがあるコーナー。D、Eはシェードガーデンを意識し、全体が連続しています。

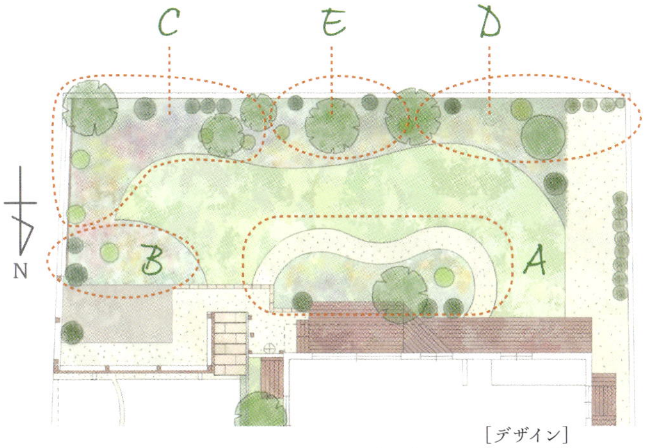

小果実の収穫も楽しみ

選んだ植物は、ガーデニング初心者でも無理なく育てられるもの。部屋から見ても楽しめるようデザインを工夫しています。小果実を収穫してジャムなどにしたいとの希望があり、ブルーベリーを植え、デッキ近くにはジューンベリーを植えています。将来、デッキに木陰をつくってくれるはず。愛犬も庭を気に入っているそうです。

C E D A B N

［デザイン］
ガーデンスタジオ小手毬

バラ'レッドレオナルドダビンチ'を中心とした暖色の花のエリア。

白とイエローの花を集め、アクセントに淡い紫色のアネモネを。

春を告げる花

スイセン'タリア'

アネモネ

宿根ネメシア

ラナンキュラス ラックス

宿根草が伸びるまでの間は球根植物や、切り戻しをすれば秋～初夏まで花が咲く宿根ネメシア、早春から咲くバコパの花が楽しめます。

Point

イエローのバラに合わせて

バラに合わせてイエローを中心にしたエリア。春は淡いクリーム色のラナンキュラス ラックスや白系の花が咲きます。

バコパ

初夏

イエローのバラを主役に、ネペタやガウラの株がボリュームたっぷりに。バラの背景になるコデマリ'ゴールドファウンテン'の黄金葉が花を引き立てます。

芝生も色鮮やかになり、通路や植栽とのコントラストが美しい。

バラ'モリニュー'

スティパ・テヌイッシマ

ゲラニウム 'ビオコボ'

ネペタ 'ジュニアウォーカー'

ガウラ 'ベインズフェアリー'

初夏を彩る草花

ネペタや四季咲き性のアルストロメリア、ジギタリスなどが花盛り。

初夏

夏

夏の間、アガパンサス、エキナセア、フロックス・パニキュラータなどが咲き続けます。

Point

東のコーナーは季節ごとに花のリレーを

東の角は風通しがよい、日向～半日陰のエリア。育てやすい丈夫な宿根草で花のリレーが楽しめるよう、植物をチョイスしています。

初夏

フェンス沿いに、タイサンボク'リトルジェム'や、エゴノキ、ハクサンボク、常緑ヤマボウシなどの樹木。

秋

秋の風情が感じられるピンクのシュウメイギクとミズヒキ、ツワブキのつぼみ。

半日陰を彩るリーフ類

ペンステモン'ハスカーレッド'

シロフキキョウラン

カレックス'エヴァリロ'

Point

常緑樹の下はリーフ類で構成

隣家が迫っている南側のフェンスぎわや、西側の高いフェンスの手前は、日照が少ない場所。目隠しもかねて常緑ヤマボウシなどの樹木を配し、薄暗くなりがちな木の下は、半日陰向きのツワブキやヘレボルス、明るくなるシロフキキョウランなどを植えています。

秋 アナベルは秋まで
オーナメンタルな
フォルムを楽しめます。

アナベルの
花が咲き進み、
薄緑色に。 夏

Point

花がらで季節感を演出

初夏にたくさんの花をつけるアナベルは、切り花やドライフラワーにして室内に飾って楽しみ、2/3はそのまま秋まで花のフォルムを楽しみます。間引く感じで枝を抜くと、風通しをよくすることもできます。

Point

玄関まわりは環境に合わせて植物を選定

駐車場のまわりは日が当たり、乾燥ぎみの場所。家屋裏の通路は日陰。それぞれの環境に合わせて植物を植えています。駐車場のまわりにはグラウンドカバーを植えて、通路とのエッジが無機的にならないようにしています。

日陰の通路に、マホニア・コンフューサ(ヒイラギナンテン)と斑入りヒサカキ、ヘレボルス、ヤブコウジ。

表札のパネルまわりの小スペースに季節の一年草やリーフの美しい宿根草でウェルカム気分を満喫。

玄関アプローチは黄金葉の低木ロニセラ・ニティダや、実も紅葉も楽しめるアロニア、カラーリーフ、コンパクトなガウラ'フェアリーズソング'などで構成。

駐車場まわりの植物

ロニセラ・ニティダ'オーレア'

ヒューケラ'キャラメル'

ガウラ'フェアリーズソング'

Part 2

宿根草を生かした庭づくり

宿根草が映えるガーデンの
プランの立て方、植物の育て方を
丁寧に解説します。

LESSON 1

宿根草の庭づくりの基礎知識

宿根草とは？

何年も楽しめるのが魅力

宿根草とは、一度植えたら何年も花を咲かせる植物のこと。芽が出てから枯れるまでのサイクルがおよそ一年の一年草とは違い、適材適所を心掛けると、長期に渡って楽しむことができます。

ただし比較的短命のものもありますし、短命ですがこぼれ種でふえるものなど性質はさまざまです。また、冬は地上部が枯れるものと、一年を通して楽しめるものがあります。多年草のうち、冬は地上部が枯れるものを宿根草と呼ぶこともありますが、今は両方合わせて宿根草と呼ぶことが多いようです。

季節感を味わえる

宿根草は、花期が短いものも少なくありません。その分、季節感を表現しやすく、四季の移ろいを感じさせてくれます。一方で、花期が長いものや、切り戻しをすることで、初夏から秋まで年に何回か花を楽しめるものもあります。開花時期を把握することで、さまざまな花が一斉に咲く庭や、季節ごとに花が途切れない庭も実現できます。

花の季節以外も、芽出しの様子、葉の展開、品種によっては紅葉や種の姿など、年間を通して変化を楽しめるのも宿根草の魅力です。

失敗を恐れずに

宿根草は2～3年で成熟します。一年目は赤ちゃん期なので、水やりも目をかけて、しっかり根付かせることも大切です。

初心者ほど「枯らしてはいけない」と思いがちです。ガーデナーは失敗を通して成長します。ですから何度か失敗しても落胆せず、経験知がふえたと捉え、植物と向き合って育てていきましょう。

球根植物

根や地下茎が塊や球状になり
養分をためるものを
球根植物と呼びます。
広義では宿根草の一部ですが
通常、分けて説明されます。

スイセン‘タリア’

常緑の宿根草

冬の休眠期になっても
葉が生き続けるタイプの宿根草。
常緑の宿根草を取り入れると
冬の庭が寂しくなりません。
葉色や葉形の個性も魅力です。

ヒューケラ

冬は落葉する宿根草

冬の訪れとともに地上部が枯れ、
同時に翌年の芽がつくられます。
その年の地上部が枯れても
翌年の芽がロゼットとなり
冬越しするものもあります。

アスチルベ

宿根草のさまざまな草姿

ひとくちに宿根草といっても、すっくり育つもの、大きく茂るもの、
こんもりまとまるものなどさまざまな草姿のものがあります。
また、地面に這うようにして広がる這い性タイプのもの（p67）や、つる性のもの（p49）もあります。

ふわっと育つ

長めの花穂がそよ風に揺れ、ふわっとした印象を与えます。

ガウラ

すっくり育つ

しっかりとした花茎が長く伸び、行儀よく育ちます。

バーベナ・ボナリエンシス

すーっと伸びる

剣状の葉や、すーっと伸び、長めの茎がシャープな印象。

ディエテス・イリディオイデス

こんもりと育つ

草姿全体がこんもりとし、ボリューム感が出ます。

サルビア・ネモローサ‘スノーヒル’

草丈もボリューム感も多彩

種類によって、草丈も2mくらいになるものから地面を這うようにして広がるものまで、さまざまです。また、どのくらいのボリュームになるのかも違うので、将来像を想像して植物を選ぶことも大事です。

大型
ホリホック、アメリカフヨウ、トリトマ、カンナ、シュウメイギク、メリアンサス・マヨールなど

中型
アスチルベ、アヤメ、キキョウ、フロックス・パニキュラータ、ストケシア、ヘメロカリスなど

小型
アルメリア、エビネ、ヘレボルス、プルモナリア、プリムラ、スズラン、ベルゲニア、ゲラニウム、リュウノヒゲなど

這い性タイプ
ポリゴナム、アジュガ、シバザクラ、ミセバヤ、グレコマ、ディコンドラ、リシマキア・ヌンムラリアなど

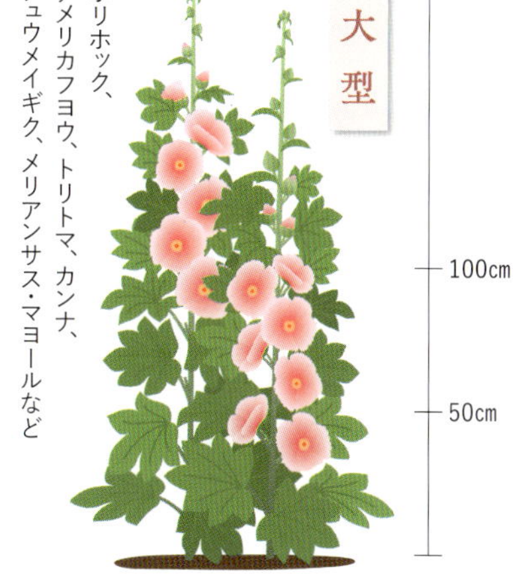

アジュガ　ゲラニウム　ヘメロカリス　ホリホック

ライフスタイルにあったガーデンづくり

ライフスタイルの確認

庭を新たにつくったりリフォームする際は、庭になにを求めているのか、再確認しましょう。どんな目的で庭を使いたいのか、庭でどんなふうに過ごしたいのか。それによって、どんな庭をつくるのかが変わってきます。

誰がメンテナンスをするかの確認も大事です。剪定や手入れは業者に任せるのか、それとも自分たちで行いたいのか。自分たちですべてメンテナンスを行う場合は、身の丈にあった管理で維持できるデザインを考える必要があります。

通路や小道、背景づくり、目隠しなど空間づくりも大切です。庭の骨格となる舗装や小道をつくることで、植物のメンテナンス作業もしやすくなります。

ライフスタイルの変化で庭も変わっていく

庭はライフスタイルの変化とともに変わっていくものです。たとえば子どもが小さいときは、庭づくりに手間はかけられないけれど、子どもが寝転がれる芝生の庭がほしいかもしれません。

庭仕事に時間がとれるようになったら、芝生の面積を減らして花を楽しめる庭に。高齢になって思うように庭いじりができなくなったら、花は減らして植栽エリアを限定し、維持管理に時間がかからない庭にしてもよいかもしれません。芝生は維持に手間がかかるので、芝部分をウッドデッキにする方法もあります。

共働きでガーデニングにあまり時間がとれない方は、常緑低木類や常緑のカラーリーフなどを中心にし、ローメンテナンスな庭を目指すとよいでしょう。日当たりがよい場所は雑草が生い茂るのも早いので、グラウンドカバープランツで地表面を覆うのもひとつの方法です。

経年の変化もチェック

5〜10年たつと、庭木が大きくなり、当初植えたころと日当たり環境が変わってしまいます。なかには環境が変わったため、衰退する宿根草も出てきます。庭は、3年、5年、10年のスパンで見直していくことも必要です。

チェックポイント

どんなガーデンライフを楽しみたいですか？

- □ 四季折々の花を楽しみ、寄せ植えなども飾りたい。
- □ ウッドデッキやテラスで、お茶を楽しみたい。
- □ 芝生を楽しみたい。
- □ 窓から見える景色を美しくしたい。
- □ 犬を遊ばせたい。
- □ 野菜やハーブなどが収穫できる場所もほしい。

庭のメンテナンスにどのくらいの時間をかけられますか？

かけられる時間	おすすめのガーデニングスタイル
□ 比較的たっぷりと、時間をかけられる。	●バラや宿根草、一年草などさまざまな花を育てて、花いっぱいのガーデニングを満喫。 ●DIYで棚やパーゴラなどをつくるなど、ガーデニングに付随する作業を楽しむ。
□ 週に1回くらい、休日のみ数時間庭の手入れに時間をかけられる。	●植栽エリアを限定し、ほどほどの手入れですむ庭を目指す。 ●ハイメンテナンスなバラや花がら摘みに追われる草花は控える。
□ あまり時間がかけられず、せいぜい月に2〜3回。	●裸地を少なくし、雑草などが生えにくい状態にし、ローメンテナンスの庭を目指す。 ●レンガや敷石、砂利などを活用し、舗装面を広く取り、植栽の面積を少なくする。 ●できるだけ花がら摘みの必要のない植物を植え、リーフ類を多く使う。

庭のメンテナンスに、比較的たっぷりと、時間をかけられる。→

家屋に面してつる性のバラを誘引し、さまざまな宿根草と一年草で構成している庭。メンテナンスに時間をかけ、花いっぱいの庭を維持しています（この写真の庭については、p94~96で紹介しています）。

↑**週に1回くらい、休日のみ数時間庭の手入れに時間をかけられる。**

植栽エリアは一部に限定。落葉樹のジューンベリー、アロニア、常緑樹のオリーブ、カラタネオガタマが植わっています。手間のかからない常緑低木を利用しながら、宿根草の庭をつくっています。

あまり時間がかけられず、せいぜい月に2〜3回。→

傾斜地に土どめをかねて栗石をマルチング材として使用。常緑樹のソヨゴ、落葉樹のヒメシャラを植え、木の下に半日陰でもよく育つ低木や常緑の宿根草が植えてあります。

環境を知る

日照と土質をチェック

まず、庭の日当たり具合はどうなのか。一日に何度かチェックしてみましょう。同じ敷地内でも場所によって日照は異なりますし、季節による日照の違いも、確認する必要があります。

次に、土の様子はどうでしょうか。乾きやすい日向なのか、ある程度、湿り気のある日向なのか。日陰だからといって湿り気があるとは限らず、乾いた日陰もあります。またひとくちに日陰といっても、明るい日陰か、暗い日陰かのチェックも必要です。

微気候にも目を向ける

マイクロクライメット（微気候）にも目を向けましょう。常緑樹の下は、暗くて乾いた日陰になりがちです。また西日が強く当たるエリアは、多くの植物にとって好ましい条件ではありません。とくに夏の西日は植物にとって過酷な条件なので、そのエリアになにか植える際は、西日に強い植物を選ぶ必要があります。

同じ敷地でも、木の近くや塀ぎわ、建物に挟まれた細い通路では、日当たり条件や土の乾き具合が変わってきます。庭の水分量を適宜チェックしたほうがよいでしょう。また、風通しはどうでしょうか。塀や建物に囲まれた狭いエリアは、どうしても風通しが悪くなりがちです。風通しがよくないと、病気や害虫のリスクが高まりやすくなります。

日照条件でゾーニングをする

環境のチェックがすんだら、日照条件などの環境によってゾーンに分ける「ゾーニング」をしてみましょう。それぞれのゾーンの条件に合った植物を組み合わせて植えるようにすると、健康で丈夫に育てることができます。

環境に合っていないと、花が咲かなかったり、生育が悪くなりひょろひょろと軟弱な株に育ち、場合によっては枯れてしまうこともあります。また、病気のリスクも高まります。なるべく同じような環境を好む植物どうしで組み合わせるようにしましょう。

チェック項目

日当たり具合

- □ 一日中よく日が当たる
  - ●植物を育てやすい。ただし夏場の乾燥に注意。
- □ 午前中日が当たる
  - ●西日が当たらないので、植物を育てやすい。
- □ 午後から日が当たる
  - ●西日が当たる場合は、ダメージを受けやすいので注意。隣家があるなど半日陰になる場所は、半日陰向きの植物を植える。
- □ 一日中、あまり日が当たらない
  - ●日陰を好む植物に限定する。

風通し

- □ 風通しがよい
  - ●植物が健康に育つ。
- □ 風通しが悪い
  - ●木が茂っている場合は枝透きするなどして、少しでも風通しを確保。
  - ●風が通りやすいフェンスに取り換える。

土質

- □ 黒土、砂質、ガラの多い土、真砂土など、土質を確認
  - ●土質によっては土を改良（p70）。
- □ 通気性がよい
  - ●植物が育ちやすい。
- □ 通気性が悪い
  - ●植物が健康に育ちにくいので、土質を改良する。
- □ 水はけが悪い
  - ●水はけが悪い場合は土を改良。
  - ●乾燥に向く植物は植えない。

場所ごとの特徴をつかむ

日照の具合は、季節によってもかなり違います。また、同じ敷地内でも場所によって日照や土質が違うので、細かく環境をチェックしましょう。

夏と冬の日差しの違い

冬至の日陰 太陽の位置が低いので、日陰の部分が大きくなります。

夏至の日陰 太陽の位置が高いので、日陰の部分が小さくなります。

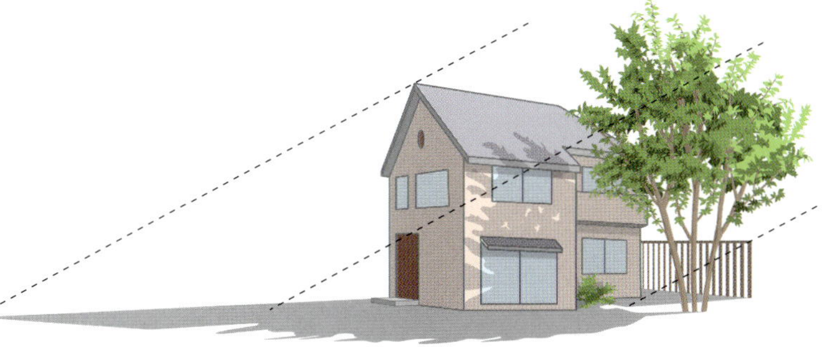

敷地内の環境の違い

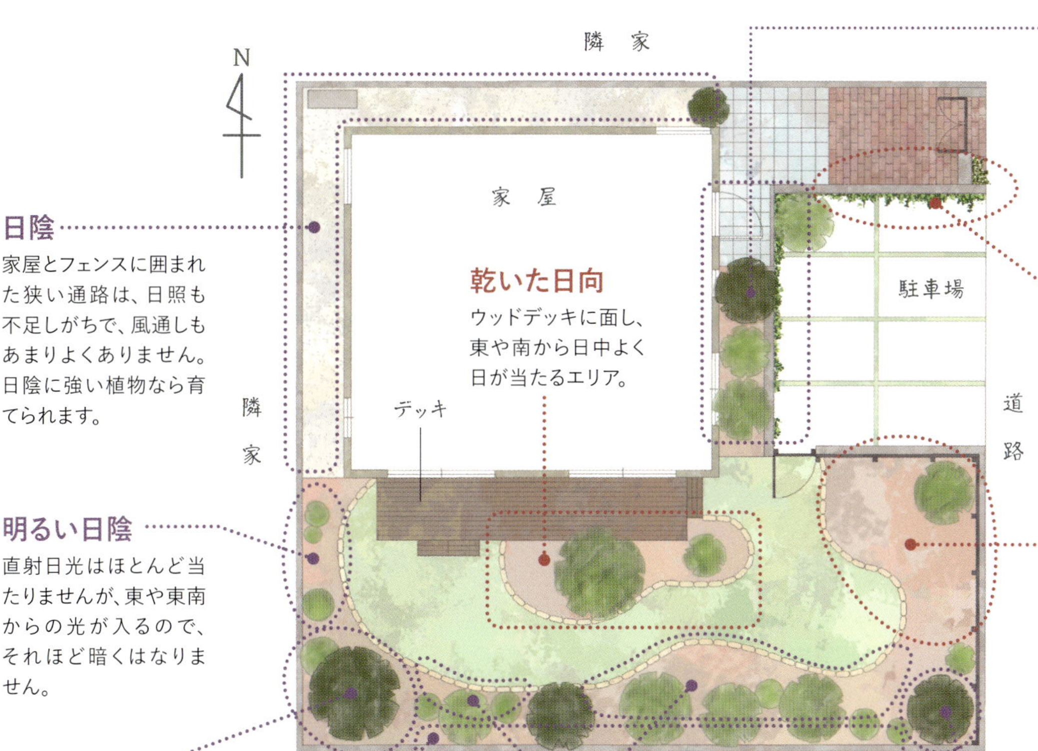

日陰
家屋とフェンスに囲まれた狭い通路は、日照も不足しがちで、風通しもあまりよくありません。日陰に強い植物なら育てられます。

明るい日陰
直射日光はほとんど当たりませんが、東や東南からの光が入るので、それほど暗くはなりません。

乾いた日向
ウッドデッキに面し、東や南から日中よく日が当たるエリア。

半日陰
家屋の縁に当たるレイズドベッド。東側なので午前中は日光が当たりますが、午後以降、家屋の陰になります。半日陰向きの植物で構成を。

乾いた日向
駐車場のまわりは、乾燥しやすいエリア。グラウンドカバープランツを中心に、比較的乾燥に強い植物を植えます。

日向
風を通すフェンスを設置すると、風通しもよく午前中も午後もよく日が当たります。日向に向くほとんどの宿根草が育ちます。

日陰
高いフェンスと隣家のブロック塀、家屋の影になる部分。角に常緑高木を植えてあると、木の下や角の部分はかなり暗くなります。日陰向きの植物なら育ちます。

半日陰
フェンス沿いで、隣家の家屋の陰になるエリア。落葉樹の下は半日陰向きの植物の適地です。

乾いた日陰
南側の隣家に面したフェンス近くの木の下は乾いた日陰に。常緑樹の下は雨も当たりにくく、土は乾燥しやすくなります。

植物の性質を理解する

植物によって好む環境が違う

植物を選ぶ際は、それぞれの植物の性質を知ることが大事です。植物には日向で育つものから日陰で育つものまで、それぞれ環境の好みがあり、植物によって環境への抵抗性の幅もあります。土質に関しても、自然界では水辺などに生えるミソハギは湿り気のある土地を好みますし、乾燥ぎみの地中海性気候を原産地とする低木のラベンダーは、多湿が苦手です。

耐寒性や耐暑性も、植物によって異なります。日本は南北に長く内陸部は山がちで、地域によってかなり気候が違います。冷涼地を好む植物は、夏の高温多湿が厳しい場所は苦手だし、逆に温暖を好む植物は寒冷地では育てにくいでしょう。

株の成長が早い植物とゆっくり育つ植物があり、成長が早い植物は大きくなりすぎないようコントロールすることも必要となります。繁殖力が旺盛な植物は、他の植物を覆い尽くすようにふえてしまう場合もあり、他の植物が枯れてしまうこともあります。そのため、ふえすぎたものを適度に間引いて減らすことも必要となります。

手入れが比較的楽かどうかのチェックも大切です。ローメンテナンスを目指すなら、病害虫に強い改良品種やあまり手入れをしないですむ植物を選ぶことをおすすめします。

原産地を知る意味

最近は宿根草の人気が高いこともあって、さまざまな原産地の植物が流通しています。冷涼地が原産の植物もあれば、比較的乾燥しがちな土地、湿り気のある土地が原産の植物など、原産地の環境もさまざま。それぞれの植物の原産地に目を向けると、おおまかな気候の好みや性質が見えてくるので、育てるうえで参考になります。

苗はいつ、どこで買う？

宿根草の苗は一般的に10月頃から売り出され、晩春頃まで販売されます。大型園芸店なら品種も多いですが、宿根草を専門としている生産者の通信販売もあるので、通信販売をチェックするのもよいかもしれません。

比較的乾燥に強い

比較的乾燥ぎみの地域が原産地の植物。
多湿に弱い場合もあるので、
水はけがよい土壌で育てましょう。

スティパ・テヌイッシマ

セダム‘オータムジョイ’

ネペタ

アキレア

湿り気のある場所を好む

原産地が湿原や沼のほとり、
川辺など湿り気のある場所を好む植物。
極端に乾燥しないように育てます。

ニシキシダ

チョウジソウ

キョウガノコ

ギボウシ

半日陰を好む

半日陰を好む植物は
直射日光が当たると葉焼けしたり、
弱ってしまうこともあります。
とくに西日や夏の直射日光は避けましょう。

ホトトギス

ティアレラ

ホタルブクロ

イカリソウ

ギボウシ、ヒューケラ、クジャクシダなど半日陰を好むカラーリーフで構成した植栽。

直射日光が好き

初夏〜夏の強い光のもとでも元気に育つ植物も、
品種によっては乾燥に弱いので、夏の水切れには注意しましょう。

日当たりのよい場所の植栽例。

エキナセア

アルストロメリア

LESSON 2

植栽デザインのコツ

イメージを考えゾーニングする

庭のコンセプトを考える

宿根草の植栽デザインは多種多様で、宿根草自体の種類や品種も豊富です。植栽をデザインするにあたっては、どんな植栽スタイルでどのようなイメージの庭にするか、コンセプトを考えることから始めましょう。

家屋の外観との調和も、考慮しましょう。また、既存の樹木をどう生かすかも考える必要があります。通路がない場合は、ガーデンの手入れがしやすいよう通路を設けることを考えたほうがよいかもしれません。

理想とするイメージに近いガーデンの写真資料や、植えたい植物、好きな植栽のイメージ写真を集めるのもおすすめです。植物の組み合わせの参考になりますし、そこから自分の庭の環境に合った植物を選ぶとよいでしょう。

「適材適所」を心がける

心地よい庭にするためには、植える場所に合った植物を植える「適材適所」が大事です。環境に合った植物は無理なく健康に育ちやすく、ローメンテナンスにもつながります。

p38で説明した通り、同じ敷地内でも場所によって環境が異なります。環境に合わせて植栽をいくつかのゾーンに分けるゾーニング作業をし、同じゾーン内は同じ環境を好む植物で構成するようにしましょう。個々の植物の性質については、本書p97以降の宿根草の図鑑も参考にしてください。

ただし植えてみたものの、弱ったり消えたりする植物もあるかもしれません。その場合は環境に合わなかったと判断し、育ちが悪かったら違うゾーンに植え替えて様子をみるのもよいかもしれません。

イメージを考えた配色

どんなイメージの庭にしたいかを決めると、配色も絞られてきます。
配色について詳しくはp46をご覧ください。

さわやかな配色

白と寒色の組み合わせは、
さわやかさを表現するのに最適。

シックゴージャスな配色

えんじ色で大輪のダリアや、
銅葉のトウゴマで、シックでありながら豪華。

やさしいエレガントな配色

赤紫系の穏やかでエレガントな配色。背景の
シックな銅葉低木がピンク色の花を引き立てます。

日向を好む植物

日照を好む植物は多いので、植物選びに困ることはないはず。写真はフロックス・パニキュラータ、クロコスミア'ルシファー'などで構成。

同じ環境を好む植物どうしでゾーニング

環境に合わせて庭をゾーニングし、
ゾーン内では同じ環境を好む植物を組み合わせましょう。

半日陰や湿り気を好む植物

塀のきわなどの半日陰や、やや湿り気が多い土質のゾーンをギボウシやアスチルベなど、半日陰を好む植物で構成。

季節ごとの風景を楽しむ

花期を考慮して花のリレーを実現させる

宿根草は花の咲いている期間が短いものも多く、花のない株を観ている期間が長くなります。季節ごとになにかしら花が咲いているサイクルをつくるには、植える植物が開花する季節を考慮する必要があります。花期が異なる宿根草を上手に組み合わせると、四季を通じて花のリレーが楽しめます。

一方で、四季咲き性で初夏〜秋まで咲く植物や、切り戻しをすることで繰り返し咲いてくれる植物もあります。そうした花期の長い植物と、季節感を表現できる花期の短い植物を組み合わせることも、見どころが途切れない庭づくりのコツといえます。また、葉の観賞期間が長いものは長期間楽しむことができます。花だけに注目するのではなく、葉の美しさや立ち姿の魅力にも注目して植物の組み合わせを考えましょう。

葉やシードヘッドなど観賞期間の長さに注目

p8〜のナチュラリスティック・

花で季節をつなぐ

下の4点は、公園内にあるコミュニティーガーデンの一角です。
季節ごとに見ごろの植物があり、四季を通じて花のリレーを楽しめます。

初夏　初夏に咲く宿根草が開花し始めます。手前はネペタ。

春　宿根草が伸びるまでの間、球根植物やパンジーが華やかな風景をつくります。

秋　植栽全体が秋色になり、落ち葉もまた風情を添えています。

夏　エキナセアやフロックス・パニキュラータが花盛りになり、明るく華やかな雰囲気に。

ガーデンのところでも説明しましたが、花が終わった後のシードヘッドも、ナチュラリスティックな庭の見どころのひとつ。秋らしい風景をつくる際の、重要な要素となります。花からシードヘッドまでを通すと長期間観賞できる植物もあるので、そうした植物を取り入れるのもおすすめです。

秋には葉が紅葉・黄葉する宿根草もあります。秋らしい見どころをつくるには、葉色の変化にも注目しましょう。季節感の表現に、おおいに役立ちます。

一年草や球根植物も上手に取り入れる

晩秋〜早春にかけては、地上部が枯れる宿根草もあり、ガーデンが寂しくなりがちです。そういう場合は、秋〜春まで咲いてくれるパンジーやビオラなどの一年草、春に咲く球根植物などを植えると、晩秋〜早春のガーデンが華やかになります。また、常緑の植物も植えておくと、冬も葉があるので寂しくなりません。

このように一年を通して美しい風景をつくるには、さまざまな植物の特性を理解して、どう組み合わせるかを考えるのが大切です。

花からシードヘッドまで楽しめる宿根草

種をつけた姿が魅力的な植物は、観賞期間が長く晩夏〜冬のガーデンのアクセントになります。

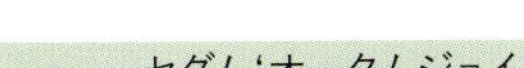
セダム'オータムジョイ'

モナルダ・ディディマ

アスチルベ

花期の長い宿根草

切り戻すと何度も花を咲かせる植物や、花期が長い植物。

アルストロメリア'サマーブリーズ'

サルビア'ミスティックスパイヤーズブルー'

ガイラルディア'グレープセンセーション'

ガウラ'フェアリーズソング'

紅葉・黄葉が美しい宿根草

葉が赤くなる植物や黄色くなる植物は、秋らしい風景をつくるうえで役立ちます。

トキワイカリソウ

アムソニア・フブリヒティ

Point 1

植物の組み合わせのコツ

配色を考える

花壇の印象を決める大きな要素が「花色」です。色彩のコーディネートによって、いかに調和を生み出すかは、花壇づくりの醍醐味。色の知識を得て使いこなすと、美しく素敵な花壇になります。

下の図は「色相環（カラーサークル）」といい、色を体系化する際の指標となるものです。色には、明度（明るさ）、彩度（鮮やかさ）、色相（色み）の三つの要素があり、これらを意識して色を組み合わせることで、心地よい配色が生まれます。

花色の配色を考える際は、このカラーサークルを使って考えるとわかりやすくなります。配色を決める際のコツは、色を入れすぎないこと。2～3色に絞ってデザインすることをおすすめします。

1色の濃淡（同系色）を組み合わせても、2～3色になります。同系色や類似色でまとめると、初心者でも失敗が少なく、きれいにまとまります。

色相環（カラーサークル）

基本の色を環状に配置したもので、異なる色どうしの関係性を理解するのに役立ちます。
あくまで単純化した図で、本来は1色のなかに色幅があります。

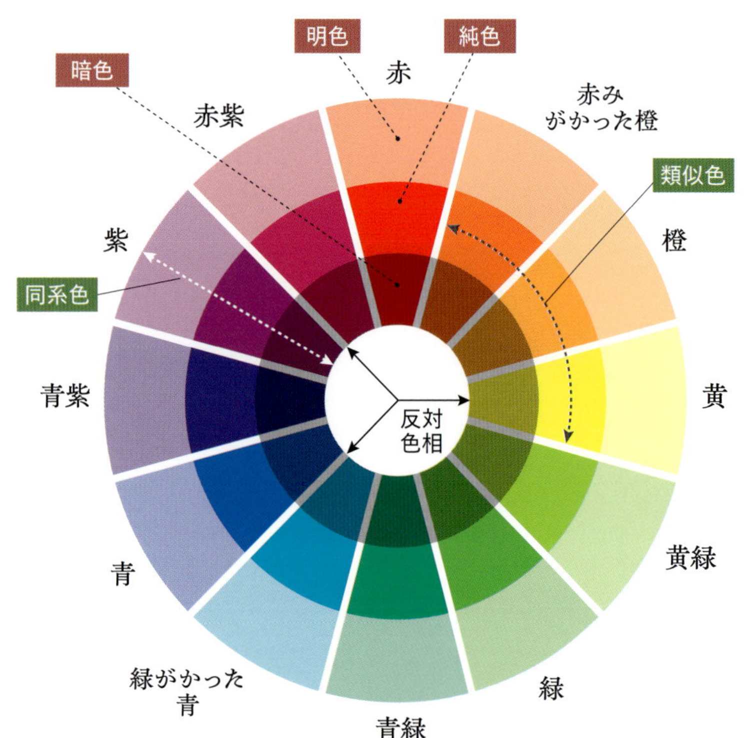

色の三要素

❶ 明度

明るさの度合いを表わします。明度が高いほど白っぽい色になり、明度が低いほど黒っぽい色になります。

❷ 彩度

彩度とは鮮やかさの度合いで、もっとも鮮やかな色は純色です。

❸ 色相

白～グレー～黒の無彩色を除いた赤、橙、黄、緑、青、紫などの色みのこと。この色みを虹の順番に並べて環状にしたものが「色相環（カラーサークル）」です。

類似色

橙を中心とすると、隣り合った黄、赤みがかった橙が類似色になります。

同系色

赤を例にとると、明色、純色、暗色など、カラーサークルの縦の並びを同系色といいます。

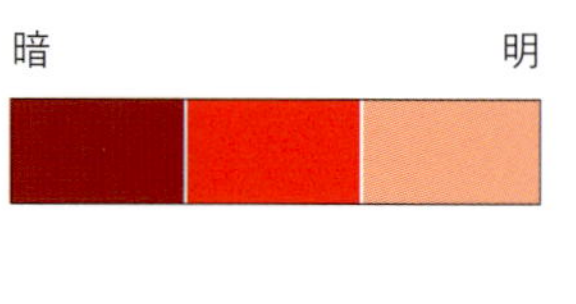

色の組み合わせの例

同系色

カラーサークルの縦の並びが同系色。
同じ色みでまとめることから統一感が生まれ、
まとまりのよい穏やかな配色です。

エキナセア‘ミニベル’、エキナセア‘マグナス’、センニチコウ‘ファイヤーワークス’

類似色

ヘメロカリス‘シカゴアパッチ’、
ヘレニウム‘サヒンズアーリー フラワラー’

カラーサークルの
隣り合う色でまとめた配色。
調和のある配色となります。

反対色

カラーサークルで向かい合う色どうしを反対色といいます。
黄色と青紫、赤と青緑のように色みの違いが一番大きいため
互いに引き立て合い、人目を引き付けます。

ヒオウギ‘ゴーンウィズザウインド’、キキョウ‘ハコネブルー’

Point 2

高低差をつける

同じような草丈の植物を組み合わせると、立体感が出ないため遠近感が希薄になり、平板な印象になりがちです。植物に高低差をつけて花壇に立体感を出すと、奥行き感が生まれ、風景にメリハリがつきます。奥に植える植物は、草丈が高く、存在感があるものがおすすめ。高低差をつけるためには、大型の宿根草以外に、中木や低木を利用するのもよいでしょう。壁や塀が後ろにある場合は、後方に丈の高い植物、手前に低い植物を植えるとよいですが、両面から見えるような花壇や野原のように見せる花壇の場合、丈の高い植物はランダムにスポット的に入れたり、中央に配置するなどすると、立体感や動きが出ます。

高さの違う植物で立体的に

奥のカンナは葉の存在感で、背景としての役割を果たしています。手前には草丈が低い一年草を植え、葉色が明るいカレックスがアクセントになっています。

宿根草

1. カンナ'ベンガルタイガー'
2. ヘレニウム'サヒンズアーリーフラワラー'
3. バーベナ・ボナリエンシス
4. アルストロメリア'サマーブリーズ'
5. カレックス'エヴァリロ'
6. サルビア・ネモローサ'カラドンナ'

一年草

7. アンゲロニア
8. ジニア プロフュージョン
9. カカリア'スカーレットマジック'

高・中・低と3層を意識した植栽。写真では見えにくいですが、右側の高い位置にバーベナ・ボナリエンシスの花があります。

つる性植物を活用

つる性植物はフェンスや針金を利用して上方に誘引できるため、狭い場所でも立体的な花壇をつくることができます。足元に植える植物との組み合わせでさまざまな表現ができるのも、つる性植物を取り入れる楽しみのひとつ。同じ場所に複数のつる性植物を誘引するのもおすすめです。花色は花径の組み合わせを工夫することで、より印象深い風景となります。つる性植物をラティスなどに誘引すると、ラティスの向こう側の景色が気にならなくなるので、目隠しに使うこともできます。

狭い植栽を立体的に

通路脇の奥行きが狭い植栽と奥行きが狭いレイズドベッド。
木製の枠を立て、2種のクレマチスを誘引しています。

クレマチスとつる性のバラ

クレマチス'ベノーサビオラセア'とバラ。クレマチスとバラは名コンビ。花期が合う品種を選び、配色にも工夫しましょう。

クレマチスとテイカカズラ

クレマチス'プリンセスダイアナ'の濃いピンクとクリームイエローのテイカカズラが引き立て合います。テイカカズラの甘い香りも魅力です。

Point 4

フォルムの違う花を合わせる

ひとくちに「花」といっても、細かい花の集まりもあれば、穂状になるもの、存在感のある大きな丸い花、ラッパ型の花など、フォルムは実に多種多様です。花の大きさも、ひとつの花の直径が数mmの小さなものから、10cmを超えるものもあります。ガーデンをデザインする際は、フォルムや質感、花の大きさが異なる花を合わせるのがコツです。視覚的にメリハリが生まれ、より印象的な風景になります。穂状の花の隙間から奥の花が見えるなど、植物が重なり合うことで生まれる美しさにも注目しましょう。

さまざまな花形

アンブレラ型　ダウカス・カロタ

線を描く　サルビア・ネモローサ

大きめで丸形　エキナセア

小花が軸に集まる円錐型　フロックス・パニキュラータ

大きなラッパ型　ヘメロカリス

小さな花が集まる　アキレア

エキナセア、アキレア、ベロニカストラム・バージニカム（セイヨウクガイソウ）などからなる植栽。

葉形やテクスチャーに変化を

葉にはさまざまな形状、大きさ、テクスチャー（質感）、葉色のものがあります。葉形に関していえば、たとえば羽状複葉と呼ばれる葉のように実際は1枚の葉なのに複数の部分に分かれ、鳥の羽のように見えるものもあります。また、葉の表面にクチクラ層（キューティクル）があるものはつやがあり、繊毛が生えているものはビロードのようなマットな質感になります。異なる葉形、大きさ、質感、葉色のものを組み合わせると変化が生まれ、葉を組み合わせるだけでも十分魅力的な風景をつくることができます。

葉形や質感のバリエーション

細長いハート形でつやがない

ギボウシ

大きな丸い葉でつやがある

ツワブキ

羽状複葉

ニシキシダ

刀型の大きな葉

ニューサイラン

細長い線状の葉

カレックス

切れ込みがある大きな葉

タンチョウソウ

繊毛が生えビロード状

ラムズイヤー

繊毛が生えた細かい葉

アサギリソウ

つやがある大きな葉のツワブキ、切れ込みのある葉のティアレラ、フリルが入るヒューケラ、楕円形の銅葉が地を這うアジュガなどの組み合わせ。モミジの葉とも引き立て合っている。

葉色の違いでコントラストをつける

葉色や葉形が異なる植物を組み合わせることで、風景にメリハリがつき、イキイキとした印象になります。植物を配置する際は、隣り合う植物の葉形と葉色にコントラストをつけるのがコツです。

カラーリーフを活用

カラーリーフとは、斑入り葉や黄金葉、銅葉など、カラフルな色彩を持った葉の総称です。植栽をデザインする際、カラーリーフを効果的に配することで花とのコントラストが生まれます。また、花が少ない季節も葉の魅力で、植栽を美しく見せることができます。カラーリーフとして活躍する植物は半日陰でも育ちやすいものも多いので、半日陰の植栽にも欠かせません。常緑のカラーリーフを使えば、冬も植栽が寂しくなりません。低木にもカラーリーフのものがあるので、そちらもぜひ活用してください。

構造物の縁に、低木のロニセラ・ニティダ‘オーレア’や、アプリコット色のヒューケラ‘キャラメル’、ブルー系のギボウシなど。

葉の色と明度で風景を引き立てる

植栽でカラーリーフを使う場合、葉色によって異なる効果が得られます。葉色ごとの特徴を知ると、植物の組み合わせを考える際に役立ちます。

斑入り葉

白や薄黄、薄緑色などの斑が入る葉。半日陰などを明るくさわやかにする効果があります。

エゴポディウム‘バリエガータ’

シルバーリーフ

緑色の色素が少ないか、細かい白い毛で覆われて白っぽく見える葉のこと。植栽の花を引き立てます。

ツリージャーマンダー

銅葉

銅色や濃いえんじ色の葉を銅葉といい、風景を引き締める効果があります。

ヒューケラ‘ドルチェブラックジェイド’

オーレア（黄金葉）

パッと目に入るのでアイキャッチになり、風景を明るくし、華やかさを添えます。

カシワバアジサイ（黄金葉）

低木を取り入れる

低木はある程度の高さとボリュームがあるので、植栽の背景として活用できます。一般的に植栽でよく使われる低木は、花が魅力的なものも多く、花も楽しみのひとつ。四季を通じて花や葉が楽しめ、宿根草と合わせやすく、一度植えたら長年生き続けてくれるのでコストの節約にもなります。また、低木のなかにはカラーリーフとして活躍するものや、秋に紅葉するものもあります。葉色を意識して低木を上手に取り入れると、宿根草と引き立て合い、風景をより立体的に見せてくれます。

花や葉の美しい低木で骨格をつくる

花の美しいブッドレア、コデマリ'ゴールドファウンテン'、カシワバアジサイが、ヘレニウムやガウラと引き立て合っています。

銅葉の低木が植栽を引き立てる

背景に植えたボルドーカラーのフィソカルパス'サマーワイン'が、手前のフロックス'デイビッド'の白やエキナセアを引き立てています。

球根植物や一年草で華やかに

冬～早春は地上部が枯れている宿根草も多いため、ガーデンが寂しくなりがちです。秋～春まで咲き続ける一年草のパンジーやビオラなどを植えると、華やかさを保てます。また、花が少ない早春～春に咲いてくれる球根植物は、ガーデンが華やかになるだけではなく、季節感も表現してくれます。初夏以降は宿根草が伸びる季節なので、植栽の縁などに草丈の低い一年草を植えると足元が寂しくならず、宿根草の花が途切れている間も植栽の華やかさを保てます。

← 宿根草が育つ前の季節は寂しくならないよう球根植物を

宿根草の合間に、スイセン'タリア'やチューリップ'バレリーナ'を。植栽の縁には一年草のパンジーを植え、春らしい景観をつくっています。

↑ ガーデンの縁取りに花期の長いジニア

初夏から秋まで咲き続ける一年草のジニア プロフュージョンとアンゲロニア、カカリアを花壇の縁取りに植えてあります。

↓ 存在感のあるアリウムで印象的な風景をつくる

すくっと伸びた茎のてっぺんに球状の花をつける球根植物のアリウムは、存在感が抜群。初夏の庭のアクセントになります。写真の品種はアリウム'パープルレイン'。

← 一年草のオルラヤやノースポールでボリューム感を

冬～初夏まで咲き続けるノースポールや、初夏に白いレースのような花を咲かせるオルラヤは、ナチュラルな花壇によく似合います。こぼれ種でもよくふえます。

4月

5月

宿根草ガーデンで使いやすい低木

※図鑑の見方はp6参照。

アロニア・アルブティフォリア

Aronia arbutifolia
バラ科　落葉低木

［花期］春　［結実］秋　［樹高］120〜200cm
［日照］日向〜半日陰
（なるべく日光が長く当たる場所向き）
［耐暑性］■■■　［耐寒性］■■□

春に白い花が房で咲き、秋には実が赤く色づき紅葉も美しく、四季を通じて楽しめる花木です。ナチュラルな雰囲気で、狭い庭にも向きます。丈夫ですが、バラ科のため害虫に注意が必要です。

アメリカアジサイ'アナベル'

Hydrangea arborescens 'Annabelle'
アジサイ科　落葉低木

［花期］初夏　［樹高］75〜150cm
［日照］日向〜半日陰
［耐暑性］■■■　［耐寒性］■■■

強健で、毎年たくさんの花を咲かせ、色褪せや枯れ姿まで長く楽しめ、ドライフラワーにも向きます。花色は白とピンク色があり、春に伸びた枝に花芽をつくるため、冬〜3月に低い位置で剪定します。

アベリア'カレイドスコープ'

Abelia × grandiflora 'Kaleidoscope'
スイカズラ科　常緑低木

［花期］初夏〜秋　［樹高］50〜70cm
［日照］日向
［耐暑性］■■■　［耐寒性］■■■

比較的矮性（わいせい）種でブッシュ状になり、白い花が咲きます。斑入りの葉は春〜夏は黄色みがかり、秋以降オレンジ・赤褐色に変化します。丈夫で西日にも強い品種です。一年中カラーリーフとして楽しめます。

ナワシログミ　マリリン

Elaeagnus × ebbingei Maryline 'ABRELA'
グミ科　常緑低木

［花期］春　［結実］秋　［樹高］50〜100cm
［日照］日向〜明るい日陰
［耐暑性］■■■　［耐寒性］■■■

クリーム色の中斑の入るカラーリーフプランツ。自然樹形が乱れにくく、まとまりがよく、剪定をあまり必要としません。強健で乾燥や潮風にも強く、夏の強い日差しでもきれいな葉を保ちます。

カシワバアジサイ'ピーウィー'

Hydrangea quercifolia 'Pee Wee'
アジサイ科　半常緑〜落葉低木

［花期］初夏　［樹高］80〜150cm
［日照］日向〜半日陰
［耐暑性］■■■　［耐寒性］■■■

柏型の葉が特徴で葉の姿を楽しみます。従来のカシワバアジサイよりもコンパクトにまとまる品種で、初夏に白い一重咲きの花が上向きに咲き、秋には紅葉も楽しめます。花後剪定します。

ウエストリンギア'スモーキー'

Westringia fruticosa 'Smokey'
(*Westringia fruticosa* variegata)
シソ科　常緑低木

［花期］春〜秋　［樹高］50〜120cm
［日照］日向
［耐暑性］■■■　［耐寒性］■■□

別名オーストラリアンローズマリー。枝が分岐しやすく、ブッシュ樹形に自然にまとまるコンパクトな品種です。白い斑が美しくシルバー色のカラーリーフとして草花との相性もよい低木です。

コバノランタナ

Lantana montevidensis
クマツヅラ科　常緑～半常緑低木

[花期] 初夏～晩秋　[樹高] 20～60cm
[日照] 日向
[耐暑性] ■■■　[耐寒性] ■■□

強健で耐暑性に優れ、匍匐（ほふく）性で横に広がり大株になります。花色は桃、白、黄色があり、初夏～晩秋まで長期間花が楽しめます。垂れ下がるように使うとよく、グラウンドカバーにも向きます。

コバノズイナ

Itea virginica
ズイナ科　落葉低木

[花期] 初夏　[樹高] 90～200cm
[日照] 日向～半日陰
[耐暑性] ■■■　[耐寒性] ■■■

強健で育てやすく、花も紅葉も美しい庭木です。初夏に白い花を咲かせ、日当たりのよい場所では秋に真っ赤に紅葉します。剪定で高さ調節がしやすく、ナチュラルで日陰の庭でも使えます。

コデマリ'ゴールドファウンテン'

Spiraea × vanhouttei 'Gold Fountain'
バラ科　落葉低木

[花期] 春　[樹高] 120～150cm
[日照] 日向
[耐暑性] ■■■　[耐寒性] ■■■

強健で枝がアーチ状に伸び、従来のコデマリよりやや小型種です。春の黄金色の芽吹きから白花が咲き、夏にはライム色に変わり、紅葉まで四季を通じて観賞期間の長いカラーリーフプランツです。

セイヨウイワナンテン（ルコテー）'バーニングラブ'

Leucothoe keiskei (fontanesiana)
'Burning Love'
ツツジ科　常緑低木

[花期] 春　[樹高] 50～100cm
[日照] 日向～日陰
[耐暑性] ■■■　[耐寒性] ■■■

従来のセイヨウイワナンテンの中でも葉が細く、よく分岐してボリュームのある株に育ちます。新芽は赤色で夏には濃い緑色になり、秋～冬に日当たりのよい場所では赤茶色に紅葉します。

シモツケ'ライムマウンド'

Spiraea japonica 'Limemound'
バラ科　落葉低木

[花期] 初夏～夏　[樹高] 30～80cm
[日照] 日向～半日陰
[耐暑性] ■■■　[耐寒性] ■■■

強健で、芽吹きから紅葉まで四季を通じて観賞期間の長いカラーリーフプランツです。ライムゴールドの葉で、ピンク色の花を咲かせます。グラウンドカバーに向き、剪定で自由に仕立てられます。

コプロスマ

Coprosma
アカネ科　常緑低木

[花期] 初夏　[樹高] 30～200cm
[日照] 日向～半日陰
[耐暑性] ■■□　[耐寒性] ■□□

ニュージーランド原産で、葉色は赤、紫、緑地に斑入り、オレンジ色などさまざまです。カラーリーフとしても活躍し、葉のつやも魅力。蒸れや多湿に弱いので、乾燥ぎみに育てます。

宿根草ガーデンで使いやすい低木

ヒメウツギ

Deutzia gracilis
アジサイ科　落葉低木

［花期］春～初夏　［樹高］40～100cm
［日照］日向～半日陰
［耐暑性］■■■　［耐寒性］■■■

丈夫で暑さにも強く、花期には木を覆うように白い花が咲きます。半日陰でも育ちますが、日照が少ないと花つきが悪くなります。花後すぐに古枝や込み合った枝を取り除く程度の剪定で樹形が整います。

ヒカゲツツジ

Rhododendron keiskei
ツツジ科　常緑低木

［花期］春　［樹高］60～150cm
［日照］半日陰～明るい日陰
［耐暑性］■■■　［耐寒性］■■■

日本原産の常緑のツツジで、淡い黄色の花は「沢照らし」とも呼ばれています。名前の通り、半日陰や明るい日陰で花を咲かせます。成長は穏やかで、あまり剪定しなくても樹形が保てます。

ノリウツギ'ライムライト'

Hydrangea paniculata 'Limelight'
アジサイ科　落葉低木

［花期］初夏～夏　［樹高］150～200cm
［日照］半日陰
［耐暑性］■■■　［耐寒性］■■■

強健で、20～30cmの円錐状の大きな装飾花は、夏にクリーム色～ライム色への変化を楽しめます。寒冷地では秋に花（正確にはガク）がピンクみを帯びますが、温暖地では夏の暑さで茶色になりやすいです。

ブッドレア

Buddleja davidii
ゴマノハグサ科　落葉低木

［花期］夏～秋　［樹高］120～300cm
［日照］日向
［耐暑性］■■■　［耐寒性］■■■

長い円錐形の花が長期間咲く蜜源植物。耐暑性に優れ強健で、大株になります。春に伸びた枝に花芽をつけるため、冬～3月に剪定し、樹形が乱れないようにするとよいでしょう。小型種の園芸品種もあります。

フィソカルパス（アメリカテマリシモツケ）'サマー ワイン'

Physocarpus opulifolius 'Summer Wine'
バラ科　落葉低木

［花期］春　［樹高］150～180cm
［日照］日向
［耐暑性］■■■　［耐寒性］■■■

コンパクトで同じく銅葉の'ディアボロ'ほど大きくならず、自然に立ち姿がアーチ状に広がります。ワイン色～銅葉が美しく、春には手毬状の花も楽しめ、宿根草の背景として引き立て役に向きます。

ヒメシャリンバイ

Rhaphiolepis indica var. umbellata f. minor
バラ科　常緑低木

［花期］春　［樹高］100～250cm
［日照］日向～明るい日陰
［耐暑性］■■□　［耐寒性］■■■

シャリンバイの矮性（わいせい）品種で、花はピンク。丈夫で育てやすく、狭い庭にも向きます。葉は小形で分厚く、つやのある深緑色です。成長はゆっくりで樹形が乱れにくく、刈り込みにも耐えます。

メギ‘ローズグロー’

Berberis thunbergii ‘Rose Glow’
メギ科　落葉低木

［花期］春～初夏　［結実］秋
［樹高］80～200㎝　［日照］日向
［耐暑性］■■■　［耐寒性］■■■

新枝の赤紫の葉にピンク色の斑が入り、秋～冬は紅葉し、赤い実も楽しめます。剪定は通年可能で、成長が早いので樹形を整えたい場合は小まめに切るとよいでしょう。細かい棘があるので注意。

ミヤマシキミ‘ルベラ’

Skimmia japonica ‘Rubella’
ミカン科　常緑低木

［花期］春～秋　［樹高］50～100㎝
［日照］半日陰
［耐暑性］■■■　［耐寒性］■■■

別名スキミア。日本に自生するシキミが外国に渡り、オランダで作出された小型の品種です。丈夫で耐陰性が強く、強い日差しは苦手です。秋からつく赤い蕾が魅力で、春に咲く白い花も可憐です。

プリペット‘レモンアンドライム’

Ligustrum sinense (ovalifolium)
‘Lemon and Lime’
モクセイ科　常緑～半常緑低木

［花期］春　［樹高］50～180㎝
［日照］日向～半日陰
［耐暑性］■■■　［耐寒性］■■□

細かい枝にライムゴールドの斑入りの葉を密につけ、やわらかな風合いで、あたりがパッと明るくなります。やや寒さに弱く、冬に落葉することもあります。生垣にも向きます。

ロニセラ・ニティダ‘オーレア’

Lonicera nitida ‘Aurea’
スイカズラ科　半常緑～常緑低木

［樹高］20～80㎝
［日照］日向～半日陰
［耐暑性］■■■　［耐寒性］■■■

明るいイエロー～黄緑色の5㎜ほどの小葉が密生します。通年剪定が可能で、刈り込んで好みの形にでき、トピアリーにも向いています。周年黄色い葉色を楽しめるカラーリーフプランツ。乾燥はやや苦手です。

ヤブコウジ

Ardisia japonica
サクラソウ科　常緑低木

［花期］夏　［結実］秋　［樹高］10～30㎝
［日照］半日陰～明るい日陰
［耐暑性］■■■　［耐寒性］■■■

自然界では雑木の下で育ちます。グラウンドカバーとしても使え、白実の品種、斑入り葉の品種もあります。枝が伸びすぎたり樹形が乱れたら、3～4月に株元から5㎝ほどで切り、株を更新させます。

斑入りヤツデ‘紬絞り’

Fatsia japonica ‘Tsumugishibori’
ウコギ科　常緑低木

［花期］秋　［樹高］70～200㎝
［日照］半日陰～明るい日陰
［耐暑性］■■■　［耐寒性］■■■

ヤツデは丈夫で日陰に強く、切れ込みのある大きな葉が特徴。湿り気がある土地を好み、西日や乾燥する場所は苦手です。古枝を剪定すると株が若返ります。霜降りの斑が入るこの品種は日陰を明るくします。

図 鑑　宿根草と合わせて植えたい一年草や一・二年草

※図鑑の見方はp6参照。

オルラヤ・グランディフローラ

Orlaya grandiflora
セリ科

［花期］春〜夏　［草丈］60〜100cm
［日照］日向
［耐暑性］■■□　［耐寒性］■■■

別名オルラヤ'ホワイトレース'。白いレースのような清楚な雰囲気の花を咲かせ、葉も繊細でたおやか。多花性でたくさんの花が咲き、他の植物を引き立ててくれます。こぼれ種でよくふえます。一年草。

アマランサス'ベルベットカーテン'

Amaranthus caudatus 'Velvet Curtains'
ヒユ科

［花期］夏〜秋　［草丈］80〜100cm
［日照］日向
［耐暑性］■■■　［耐寒性］■□□

葉脈が浮き出る大きめのレッドリーフが美しく、炎のような赤い花穂が立ち上がります。アマランサスのなかでは草丈も高いほうで、ボリュームがあり存在感抜群です。乾燥に強い性質も特徴。一年草。

アスペルラ

Asperula orientalis
アカネ科

［花期］春〜初夏　［草丈］25〜30cm
［日照］日向〜やや半日陰
［耐暑性］■□□　［耐寒性］■■□

別名タマクルマバソウ。薄紫色の小さな花が手毬状に集まって咲きます。草姿はやわらかい感じで、花壇のボリュームアップに役立ちます。高温多湿は苦手なので、やや乾燥ぎみに育てるようにします。一・二年草。

ジギタリス

Digitalis purpurea
オオバコ科

［花期］初夏　［草丈］40〜150cm
［日照］日向〜半日陰
［耐暑性］■■□　［耐寒性］■■■

釣鐘状の花が大きな穂となります。花色は白、ピンク、濃いピンクの他イエローが入る品種もあります。本来は宿根草ですが、高温多湿に弱く多くは二年草扱いに。花穂を切り戻すと二番花が咲きます。

ケラトテカ・トリロバ

Ceratotheca triloba
ゴマ科

［花期］夏〜秋　［草丈］120〜170cm
［日照］日向
［耐暑性］■■■　［耐寒性］■□□

ジギタリスを小型にしたような花を咲かせることから、ワイルドフォックスグローブ（野生のジギタリス）とも呼ばれます。花色はピンクや白。アフリカ原産なので暑さに負けず、秋まで開花し続けます。一年草。

カカリア'スカーレットマジック'

Emilia coccinea (sagitat) 'Scarlet Magic'
キク科

［花期］初夏〜秋　［草丈］25〜50cm
［日照］日向
［耐暑性］■■■　［耐寒性］■□□

別名エフデギク、ベニニガナ。インド東部原産で、長い花茎にオレンジ色の飾りボタンのような花が咲きます。風に揺れるさまも魅力。過湿が苦手でやや乾燥ぎみの環境を好み、こぼれ種でふえます。一年草。

シードヘッド

チーゼル

Dipsacus fullonum
スイカズラ科

［花期］夏　［草丈］120～200㎝
［日照］日向
［耐暑性］■■■　［耐寒性］■■■

大型の二年草。長い茎に大きな薄緑色の蕾をつけ、淡いピンクの小花が花芯を取り巻くように咲きます。花後のシードヘッドも魅力。やや乾きぎみの場所を好み、適地ではこぼれ種でふえます。ドライフラワー向き。

ダウカス・カロタ'ダラ'

Daucus carota 'Dara'
セリ科

［花期］初夏～夏　［草丈］80～100㎝
［日照］日向
［耐暑性］■■□　［耐寒性］■■■

よく伸びる花茎の上に、レースのような花を咲かせます。花は白から徐々に色を変え、最後にえんじ色になる場合も。たくさん植えるとグラデーションが見事です。こぼれ種でふえます。一・二年草。

'ファイヤーワークス'

センニチコウ

Gomphrena globosa
ヒユ科

［花期］初夏～秋　［草丈］20～100㎝
［日照］日向
［耐暑性］■■■　［耐寒性］■□□

白やピンクの小さな苞（ほう）が集まって球状になります。花期が長いことからこの名がつき、高温や乾燥にも強く秋まで咲き続けます。多くの品種が一年草ですが、'ファイヤーワークス'は暖地では宿根します。

ヘレニウム'ダコタゴールド'

Helenium amarum 'Dakota Gold'
キク科

［花期］初夏～秋　［草丈］30～35㎝
［日照］日向、半日陰
［耐暑性］■■■　［耐寒性］■□□

一年草タイプの小型のヘレニウム。ゴールデンイエローの花色が、ガーデンをパッと明るくしてくれます。高温多湿や雨にも強く、初夏～秋まで咲き続けます。こぼれ種でふえます。

ビスカリア'ブルーエンジェル'

Silene coeli-rosa 'Blue Angel'
ナデシコ科

［花期］初夏　［草丈］30～40㎝
［日照］日向
［耐暑性］■□□　［耐寒性］■■■

和名コムギセンノウ。細い茎が枝分かれし、先端に花径2～3㎝の薄紫色がかったブルーの花が咲きます。ふわふわっとした印象で、細い茎が風に揺れるさまも優美です。高温多湿が苦手です。一年草。

ニゲラ

Nigella damascena
キンポウゲ科

［花期］春～初夏　［草丈］40～100㎝
［日照］日向～半日陰
［耐暑性］■□□　［耐寒性］■■■

和名クロタネソウ。花に見える部分はガク片で、白、ブルー、ピンクなど。繊細な葉も魅力です。風船のような果実の中に黒い種ができ、こぼれ種でふえます。水はけがよくやや乾燥ぎみの場所が適地。一年草。

図鑑　宿根草と合わせやすい球根植物

※図鑑の見方はp6参照。

イフェイオン‘ピンクスター’

Ipheion uniflorum ‘Pink Star’

ヒガンバナ科

［花期］春　［草丈］15～25㎝
［日照］日向～半日陰
［耐暑性］■■■　［耐寒性］■■□

和名ハナニラ。星形の花を咲かせ、花色は白、ブルー、薄紫色などですが、‘ピンクスター’はピンク色になる品種。植えっぱなしでよくふえるので、込み合ったら秋に分球して植え替えます。

アリウム‘パープルレイン’

Allium × cristophii ‘Purple Rain’

ヒガンバナ科

［花期］晩春～初夏　［草丈］70～90㎝
［日照］日向～やや半日陰
［耐暑性］■■■　［耐寒性］■■■

初夏に直径15㎝ほどの球形の花序をつけ、ガーデンのアクセントになります。丈夫で、植えっぱなしでも大丈夫です。水はけのよい日向を好みます。水切れに注意しましょう。

アリウム‘丹頂（たんちょう）’

Allium sphaerocephalum

ヒガンバナ科

［花期］初夏～夏　［草丈］60～80㎝
［日照］日向～やや半日陰
［耐暑性］■■□　［耐寒性］■■■

小型のアリウム。すっと伸びた花茎の先に赤紫色の楕円形の花が咲き、個性的で切り花にも向きます。丈夫で植えっぱなしでもよく咲きます。水はけのよい土で育てるようにします。

シロバナヒガンバナ

Lycoris × albiflora Koidz.

ヒガンバナ科

［花期］秋　［草丈］20～50㎝
［日照］日向～半日陰
［耐暑性］■■■　［耐寒性］■■■

ヒガンバナの白色種。ショウキズイセンとの交雑種ともいわれています。花期には葉がなく、花茎の先に淡いクリーム色の5～10個の花をつけ、長い雄しべが反り返るのが特徴。種はできず分球でふえます。

‘アニカ’　‘トルケスタニカ’

原種系チューリップ

Tulipa cv.

ユリ科

［花期］春　［草丈］10～25㎝
［日照］日向～半日陰
［耐暑性］■□□（夏季は休眠）
［耐寒性］■■■

野生種やそれに近いチューリップ。花や葉、草丈が比較的こぶりで早咲きの傾向にあり、野趣に富んだ雰囲気が魅力。数年植えっぱなしでも花が咲きます。植える深さは球根の3倍が標準です。

カマシア

Camassia

キジカクシ科

［花期］春～初夏　［草丈］60～100㎝
［日照］日向～半日陰
［耐暑性］■■□（夏季は休眠）
［耐寒性］■■■

すらりと伸びた花茎にブルーや白、クリームイエローの花を穂状につけます。春咲きの球根植物のなかではやや遅めに咲くので、多くの宿根草と花期が合います。植えっぱなしでふえていきます。

スイセン'タリア'

Narcissus triandrus 'Thalia'
ヒガンバナ科

［花期］春　［草丈］15〜30cm
［日照］日向〜半日陰
［耐暑性］■■□（夏季は休眠）
［耐寒性］■■■

原種スイセンの血を引く、房咲き品種。早春に下向きに咲く純白の花は清楚で気品があり、人気の高い品種です。スイセンのなかでもとくに香りがよいのも魅力。植えっぱなしで毎年咲き株も大きく育ちます。

シラー・シベリカ

Scilla siberica
キジカクシ科

［花期］早春　［草丈］10〜20cm
［日照］半日陰
［耐暑性］■■□（夏季は休眠）
［耐寒性］■■■

小アジア、コーカサス、ヨーロッパ東南部原産。草丈は低く、1つの球根から3〜4本の茎が出て、白や鮮やかなブルーの花が下向きに咲きます。丈夫で植えっぱなしでもよくふえます。

シラー・カンパニュラータ

Hyacinthoides hispanica
キジカクシ科

［花期］春〜初夏　［草丈］20〜30cm
［日照］日向〜半日陰
［耐暑性］■■□（夏季は休眠）
［耐寒性］■■■

別名スパニッシュ・ブルーベル、和名ツリガネスイセン。白やピンク、ブルーの釣り鐘状のかわいい花を咲かせ、群生させると見事です。木陰でもよく育ち、植えっぱなしで毎年、花をつけます。

ダリア

Dahlia
キク科

［花期］初夏〜秋　［草丈］20〜200cm
［日照］日向〜半日陰
［耐暑性］■■■　［耐寒性］■■□

小輪種から大輪種まで、一重から八重まで多様な品種があります。真夏は咲きにくく、初夏の花を切り戻すと秋にまた咲きます。温暖地では植えっぱなしでよく、寒冷地では球根を掘り起こして保存します。

スノードロップ

Galanthus nivalis
ヒガンバナ科

［花期］冬〜早春　［草丈］5〜30cm
［日照］日向〜半日陰
［耐暑性］■■□（夏季は休眠）
［耐寒性］■■■

まだ寒い時期に1.5cmほどの可憐な花が下向きに咲きます。初夏に休眠に入り姿を消すスプリング・エフェメラル（春の妖精植物）の代表格。高温多湿が苦手なので夏越しできない場合もあります。

スイセン'テータテート'

Narcissus cyclamineus 'Tete a tete'
ヒガンバナ科

［花期］早春　［草丈］10〜20cm
［日照］日向〜半日陰
［耐暑性］■■□（夏季は休眠）
［耐寒性］■■■

草丈の低い、コンパクトなミニスイセン。早春、ガーデンでまだ花が少ない時期に鮮やかな黄色の花を咲かせ、ガーデンをパッと明るくしてくれます。数年植えっぱなしにすると、株が大きく育ちます。

トリテレイア

Triteleia laxa
キジカクシ科

［花期］初夏　［草丈］30〜70cm
［日照］日向〜半日陰
［耐暑性］■■■（夏季は休眠）
［耐寒性］■■■

初夏に細い花茎に、アガパンサスを小さくしたような花をつけます。花弁の中央に線が入るのが特徴。適地なら3〜4年は植えっぱなしで大丈夫です。旧名のブローディアで販売されることもあります。

オニユリ

コオニユリ

リーガルリリー

シャンデリアリリー

ユリ

Lilium
ユリ科

［花期］初夏〜夏　［草丈］50〜180cm
［日照］日向〜半日陰
［耐暑性］■■■　［耐寒性］■■■

古代から愛されてきた植物で、世界各地の野生種をもとにさまざまな園芸品種がつくられてきました。たとえばリーガルリリーは20世紀初頭に中国四川省の山間で見つかったものが原種です。鹿の子ユリの仲間のシャンデリアリリーは、花弁が反り返った下向きの花が特徴。ヤマユリやササユリ、オニユリなど、日本に自生するユリも魅力的です。草丈が高い品種は支柱が必要です。

ラナンキュラス ラックス

Ranunculus 'Rax series'
キンポウゲ科

［花期］春〜初夏
［草丈］50〜80cm
［日照］日向
［耐暑性］■■■（夏季は休眠）
［耐寒性］■■■

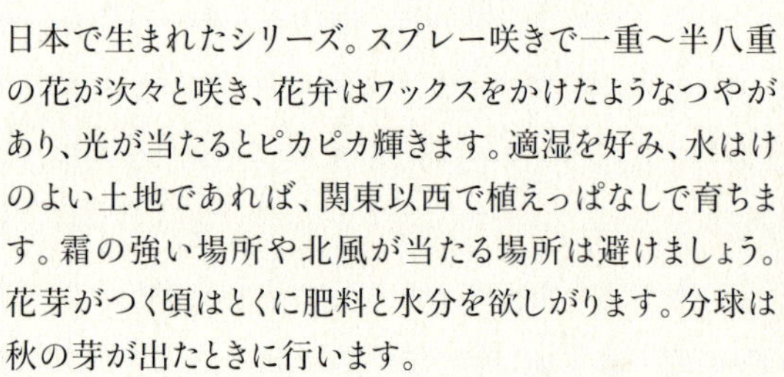

日本で生まれたシリーズ。スプレー咲きで一重〜半八重の花が次々と咲き、花弁はワックスをかけたようなつやがあり、光が当たるとピカピカ輝きます。適湿を好み、水はけのよい土地であれば、関東以西で植えっぱなしで育ちます。霜の強い場所や北風が当たる場所は避けましょう。花芽がつく頃はとくに肥料と水分を欲しがります。分球は秋の芽が出たときに行います。

ナツズイセン

Lycoris squamigera
ヒガンバナ科

［花期］夏　［草丈］50〜70cm
［日照］日向〜半日陰
［耐暑性］■■■　［耐寒性］■■■

ヒガンバナの仲間で、夏に淡いピンクの大きな花を咲かせます。花期に葉がないので花がより目立ち、存在感があります。数年たって花数が減ってきたら、花が枯れてから掘り起こして植え直します。

Point 9

❶トウゴマ（一年草扱い）
❷コロカシア‘ブラックマジック’
❸ニューサイラン　❹カンナ‘ベンガルタイガー’

オーナメンタルプランツをアクセントに

オーナメンタルプランツとは、装飾的な葉形や草姿をもつ植物のこと。個性的な葉形やはっきりしたシルエットが造形的に美しく、しかも長期間にわたってその姿を楽しめるため、他の宿根草との組み合わせで庭に抑揚がつき、よりガーデンを魅力的にします。パッと目をひく「カッコイイ」植物と言い換えてもよいかもしれません。ガーデンにオーナメンタルプランツをひとつでも取り入れると、印象に残るガーデンをつくることができます。葉が個性的なオーナメンタルプランツを上手に組み合わせて、庭の骨格をつくってみましょう。

ダイナミックな植物たち

大型で切れ込みの深い銅葉トウゴマは、暖地では多年草として越冬しますが、日本では基本的に一年草扱い。黒葉が魅力のコロカシア‘ブラックマジック’、剣のようなニューサイラン、明るい黄色の斑が特徴のカンナ‘ベンガルタイガー’、ゴージャスなダリアなどを用いた豪華な植栽。

花も草姿も存在感あふれる メリアンサス・マヨール

高さ2m近くになる大型の植物。エキゾチックな赤い大きな花穂と、切れ込みのあるシルバーブルーの葉が魅力です。

大きな銅葉が風景を引き締める

背景として植えてある銅葉品種のカンナのシックな色合いがガーデンを引き締め、手前の花を引き立てます。

Point 10

グラス類で表情豊かに

昨今、ナチュラルなガーデンの素材として、世界的にグラス類が注目されています。オーナメンタルグラスとも呼ばれますが、観賞性の高さと野趣をかね備えていることから、ナチュラリスティックなガーデンには欠かせない植物といってもよいでしょう。その多くはイネ科の植物で、細長い葉を持ち、穂が出ることが特徴です。芽出しから穂まで季節ごとに異なる美しさがあり、花と組み合わせたり、数種類のグラスを組み合わせることで、ナチュラルな雰囲気をつくることができます。

宿根草
1. パニカム‘ノースウィンド’
2. パニカム‘ヘビーメタル’
3. スキザクリウム‘プレーリーブルース’
4. ペニセタム‘ハメルン’
5. ペニセタム‘グリーンスパイク’（アオチカラシバの選抜種）

数種類のグラスで風景をつくる

草姿や穂の雰囲気が違う複数のグラスを組み合わせて風景をつくっています。写真は10月の様子ですが、逆光となって穂を照らし、キラキラ輝くさまが魅力的です。

風に揺れるやわらかな花穂

晩春から初夏にふんわりとした花穂を立ち上げるスティパ・テヌイッシマ。風になびく姿が魅力的です。丈が低めなので、小さい庭でも使えます。草花との相性もよく、写真はゲラニウム‘ビオコボ’と一年草のオルラヤとの組み合わせ。

Point 11

グラウンドカバープランツを取り入れる

グラウンドカバープランツとは、文字通り地面を覆う植物のこと。日本語で地被植物ともいいます。なにも植わっていない裸地があると、雑草が茂りやすく、手入れが大変です。地面を覆ってくれるグラウンドカバープランツを植えておくと、雑草も生えにくくなり、葉や花が植栽の一部としての役目を果たします。通路の両脇や駐車場のまわりなども、グラウンドカバープランツを植えることで無機的にならず、美しい景観をつくることができます。

人が踏んでも耐える植物を植える

通路沿いの日向に植えられたリッピア（ヒメイワダレソウ）。繁殖力が旺盛でよく広がり、雑草が生えるのを防ぐ効果もあります。踏圧に耐え、わざと踏んで平らに育てるのがコツです。

花も魅力的な品種を選ぶ

クリーピングタイムは生育が早く、カーペット状に広がります。花期には一面に花をつけ見事です。やや乾燥ぎみの場所でもよく育ちます。

乾燥ぎみの場所はセダムで

乾燥ぎみの場所はセダムが向いています。写真はモリムラマンネングサ。丈夫で繁殖力が旺盛です。日向からやや半日陰の場所でも繁茂します。

自然に植物が混ざり合う

奥行きの狭い場所に植えられたリシマキア・ヌンムラリア‘オーレア’、こぼれ種でふえたタツナミソウ、エリゲロン・カルビンスキアヌスが自然に混ざり合う美しい組み合わせ。

LESSON 3

一年間の作業

このカレンダーは、季節ごとに行いたい作業をおおまかに示したものです。それぞれの作業については、解説のページを参照してください。

3月	2月	1月	生育サイクル（冬に休眠する植物の場合）
生育準備	休眠期	休眠期	
			基本の作業
			花がら摘み（p75、p80）
	スプリングカットバック（p76）	切り戻し	切り戻し（p74～76）
			支柱たて（p80）
	宿根草の植えつけ		宿根草の植えつけ（p72～73：植え方のコツ）
			球根の植えつけ
			一年草の植えつけ
株分け			株分け（p78）
			防寒対策（p80）

適期に作業を行うには

植物のサイクルを理解する

季節ごとに適切な作業を行うと、植物の成長を助け、健康に美しく育てることができます。そのためにはまず、植物のサイクルを知ることが大事です。

植物は3月頃からそろそろ生育の準備が始まり、4～10月は生育期となります。その間に、春や初夏、夏、秋など、それぞれの植物の花期に合わせて花が咲きます。

植物の生理として、花が終わると種をつけようとします。種をつくるためにはエネルギーを多く使うため、次々と花を咲かせたい場合は、花がらを摘んだり、穂状の花の場合は花穂を切り取るようにします。

植物によっては、切り戻しをすることで、初夏～秋まで何回か花を楽しむことができます。また、夏場に込み合って蒸れないよう、切り戻したり透かしたりする作業が必要な場合もあります。

晩秋から休眠期に

晩秋になると、多くの植物は生育が停滞し、やがて休眠期を迎えます。休眠期を迎える前に、地上部が枯れた植物は地上部を刈り取るようにします。

宿根草の多くは12～2月は休眠しています。地上部が枯れる植物のなかには、秋の終わりにすでに新しい芽を出し、葉を放射状に広げてぴったりついた状態で冬越しするものもあり、上から見たときの姿がバラの花の形に似ているということで「ロゼット」と呼びます。ロゼットは、寒気が直接当たる危険がある一方、春に芽を出すものより先に成長できる点では有利で、これも植物の成長戦略のひとつといえます。

ロゼットで越冬

ソリダゴ‘ファイヤーワークス’のロゼット。

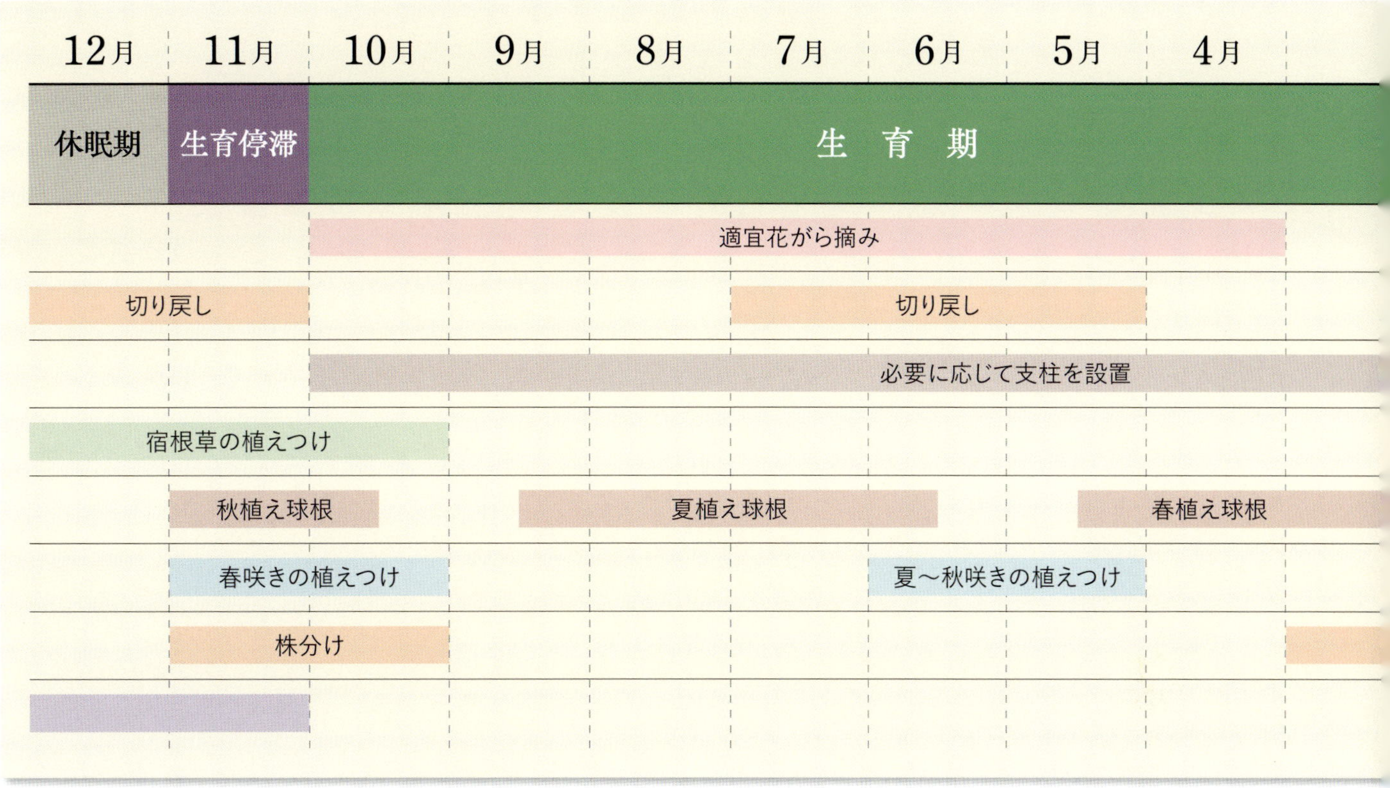

12月	11月	10月	9月	8月	7月	6月	5月	4月
休眠期	生育停滞	生育期						
		適宜花がら摘み						
切り戻し					切り戻し			
		必要に応じて支柱を設置						
宿根草の植えつけ								
	秋植え球根		夏植え球根				春植え球根	
	春咲きの植えつけ					夏〜秋咲きの植えつけ		
	株分け							

あると便利な道具

ガーデニング作業を行うにあたって、できれば用意したい道具です。
刃物類は、なるべく切れ味のよいものを選ぶようにしましょう。

園芸バサミ
花がら切りや、切り戻しなどに使います。

剪定バサミ
木の枝を切るときに使います。

ガーデングローブ
手荒れや怪我を避けるため、あると便利です。

その他用意したいもの
ホースリール、ジョウロなど水やり用の道具、日よけ用の帽子、携帯用虫除け、ガーデンシューズ。

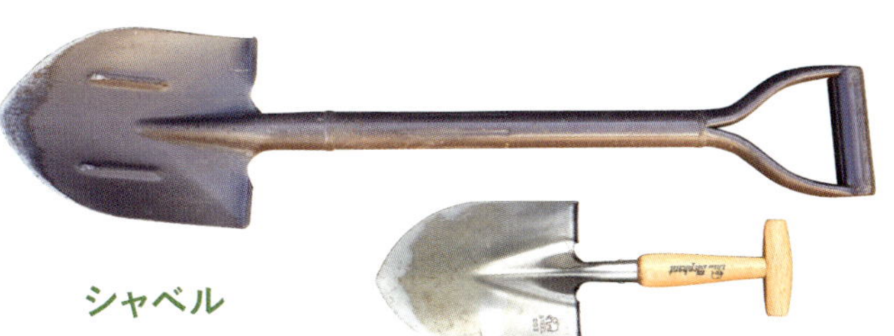

シャベル
土を深く掘ったり耕すのに使います。柄が短いタイプはかがんで使うときに便利。

竹ぼうき
通路の掃除や芝生に落ちた葉を掃除するのにあると重宝します。

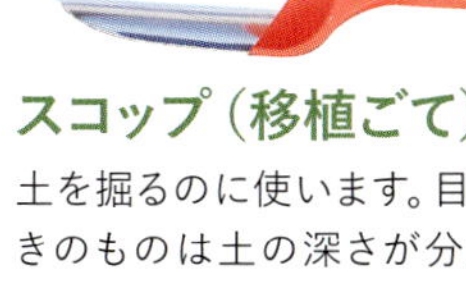

スコップ（移植ごて）
土を掘るのに使います。目盛りつきのものは土の深さが分かるので、苗や球根を植える際に便利。

山菜掘りナイフ
株分けに便利なアイテム。

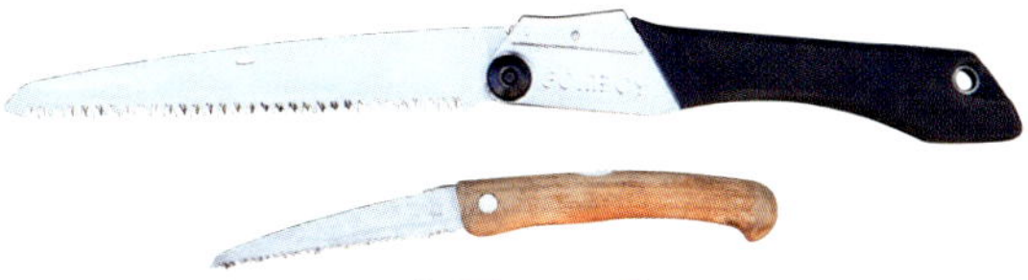

小型ノコギリ
低木のやや太い枝など、剪定バサミで切りづらいときに使います。

手箕（てみ）
カットした茎葉や落ち葉などを集めたり、株分け作業に使います。

土づくり

団粒構造の土にする

植物を育てるうえで大事なのが、土づくりです。植物は地中の根から水分や養分を吸収し、根は呼吸もしています。土はいわば、根の住まい。土を上手につくることができれば、植物は健康に育ちます。

よい土の条件として、次の7点があげられます。

❶水はけがよい
❷通気性がよい
❸保水性がよい
❹保肥性がよい
❺適正な酸度（ＰＨ）
❻病害虫が少ない
❼有機質を適度に含む

これらの条件を満たすのが、団粒構造の土です。

自然界の森や林では、毎年降り積もる落ち葉や枯れ木、動物のフンなどがミミズや土壌微生物によって分解され、植物の栄養分となります。しかし一般の庭では、そうした自然の循環はありません。そのため、よい土を維持するためには有機質を加える必要があります。有機質を加えて土中微生物やミミズなどがたくさんいる土にし、耕さなくても土の団粒構造が維持される通気性・排水性に富んだ土に近づけることが大切です。

庭土の性質や状態を調べる

まずは庭の土の状態を調べ、目的に合った土壌改良を行いましょう。水はけが悪い場合は、砂質の用土と腐葉土などの有機質に富んだ土壌改良材を加えます。また、レイズドベッド（高上げ花壇）をつくるなどして高植えにすることで、水はけをよくすることもできます。

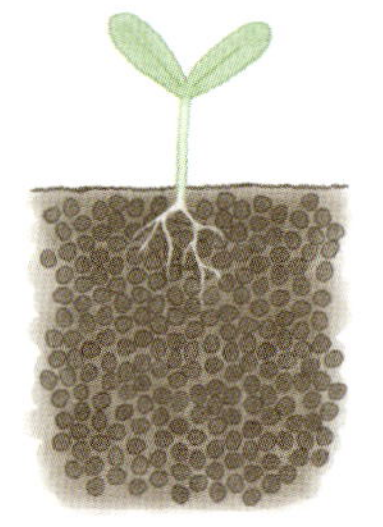

単粒構造の土
単体粒子のままの土。空間が小さく、水はけ・通気性が悪く、根が張りづらい。

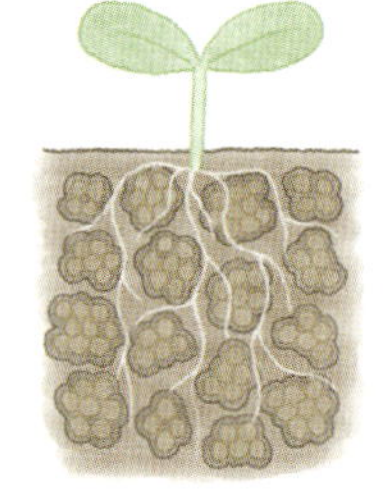

団粒構造の土
いくつかの単粒の土の粒子がくっついた土。水はけ・通気性がよいので根が張りやすい。

土づくりに役立つ土壌改良材

植えつけの際などに、基本の用土に加えることで、
土壌改良の効果が期待できます。
バークたい肥は、マルチング材としても使用できます。

もみ殻くん炭
もみ殻をいぶし焼きして炭化させたもの。通気性、保水性をよくし、根腐れ防止効果も。酸性化した土地のpHを矯正します。

バークたい肥
針葉樹の樹皮の薄片を発酵・乾燥させたもの。微生物を活性化させます。

有機石灰
貝殻などを乾燥・粉砕したもの。ミネラル分に富み、病害の発生を抑える効果も期待できます。ゆっくりと効きます。

珪酸塩白土
珪藻土を高温で焼成したもの。ミネラルが豊富で、保肥性が高く、水を浄化し根腐れ防止にも効果があります。

腐葉土
広葉樹の落葉を腐熟させたもの。通気性、保水性、保肥性に富み、微生物を活性化させます。

土づくりの手順

1 雑草を除去し、植物を植える場所の土を深さ30㎝くらい耕す。

2 珪酸塩白土を適量まく。

3 この程度の量が目安。

4 腐葉土を加える。

5 有機質の割合の目安は、掘り起こした用土の20〜40%。

6 もみ殻くん炭を加える。

7 有機石灰を適量まく。

8 よくかき混ぜる。

9 土を平らにならしておく。

腐葉土やたい肥をつくる

落ち葉や庭で出る植物ゴミから自然腐葉土やたい肥をつくると、ゴミを減らすことにつながります。落ち葉や植物ゴミをたい積させ、ときどき混ぜながら水分と微生物の分解により自然発酵させます。家庭用コンポストを使えば、落ち葉やカットした茎葉だけではなく、生ゴミの一部もたい肥づくりに利用できます。

落ち葉やカットした茎葉、生ゴミなどをたい肥にする家庭用コンポスト。

宿根草や低木の枝を編んだ簡易バイオネスト（たい肥置き場）。

植え方のコツ

株間を十分にとる

宿根草の苗は、植えてから十分に育つまで3年ほどかかります。その間だんだん株が大きく育つので、その植物は3年後にどのくらいの大きさになっているかを想像し、十分株間をあけて植えることが大切です。

植えた直後はパラパラした印象かもしれませんが、株間が狭いとのびのびと育つことができず、込みあって風通しが悪くなります。

不等辺三角形を目安に

植える際は、植物にもよりますが、原則としてひとつの植物につき3株植えると風景がまとまりやすくなります。その際は、不等辺三角形に配置すると、ナチュラルに見えます。(狭小地では3株ずつ植えられないこともあります)。

下の例は、すでにネペタが植わっている植栽の横の空いているスペースに、12月にネペタを1株、ガウラを2株植えたところです。5ヶ月後にはこんなに茂りました。植えつけ後にたっぷり水やりをするのも、植え方のコツです。

植える場所

手前のあいている場所を耕し、腐葉土や土壌改良材を投入してあります。

植えつけ終了時

株間を十分にあけて植えつけしたところ。

5ヶ月後

5ヶ月で、3株ともここまで大きく育っています。

植える植物

ネペタ
'ジュニアウォーカー'

ガウラ
'ペインズフェアリー'

植え方

1 ビニールポットのまま土（p71の**9**の状態）の上に置き、植える場所を決める。

2 植える穴をあける。十分耕してあるので、ポットの大きさくらいで大丈夫。

3 人差し指と中指で茎の根元を挟み、逆さまにしてポットから抜く。

4 根がまわっていないものは、ほぐさずそのまま植えつけてよい。底面に根が張っていれば、根鉢の底面を軽くほぐす。

5 深植え、浅植えにならないよう気をつけて植える。根鉢の表面に土をうっすらかけ、軽く土を押さえて活着させる。

6 枯れた葉は、根元から切り取る。

7 ガウラはポットの底の部分に根がまわっていたので、底を指でほぐす。

8 穴に苗を置き、手で土を寄せて、根鉢と穴の隙間を埋める。

9 手で軽く押して根鉢と土を活着させる。軽く土をかけただけだと、水やり後に土が沈み根鉢が一部露わになりやすい。

10 1株30秒を目安に、たっぷり水やりをする。

11 秋に植えつけた場合は、冬にそなえてバークたい肥でマルチングをする。

12 マルチングを終えたところ。

切り戻し（カットバック）

切り戻しの目的

切り戻し（カットバック）とは、伸びた茎をカットすること。目的は大きく分けると次の通りです。

1 繰り返し開花させる

花後の花がらや花茎をカットし、種をつけさせないようにすると、エネルギーが次の花芽をつけるために用いられ、繰り返し咲きます。植物の種類によって切り戻しの長さや程度が異なります。たとえばガウラはある程度全体の花が終わったところでばっさり1／2くらい切り戻しをすると、新たな花芽が生まれ、再び花を楽しむことができます。

2 花芽と花穂数をふやす

春～初夏の成長途中に先端に伸びる芽を浅く切り戻すことで、一本の茎につく花芽の数をふやしたり、早めに摘心することにより茎の下のほうで枝数をふやし、花束のようにたくさんの花を咲かせたり、こんもりと茂らせることもできます。とくに夏・秋咲きの宿根サルビア類は切り戻しが有効です。

3 草丈をコントロール

夏～秋に咲く宿根草は、草丈が高くなりボリュームが出るものが多くあります。花の重みや風で倒れやすい種類は、初夏に切り戻しをして草丈をコントロールし、倒れにくくすることができます。切り戻し後は、夏咲き種に関してはやや開花が遅くなりがちです。

4 蒸れを防ぐ

茂りすぎて風通しが悪くなると、内側が蒸れ、病気や害虫が発生することがあります。高温多湿に弱い植物は、切り戻しを行うと蒸れを防ぎ夏越ししやすくなります。長雨による蒸れ対策にも、切り戻しは有効です。また、株どうしが重なる場所も、切り戻しをして風通しをよくすることが大切です。透かし剪定でも、蒸れを防げます。

5 株の体力温存と枯れ茎の切り戻し

古い葉や枯れた部分は、適宜切り戻して取り除きます。初夏に咲いた後、体力を温存させたい種類は、猛暑前に株元で切り戻します。

また、冬の立ち姿が美しくないものは早めに切り戻し、地表部のロゼットや新しく出る新芽によく日が当たるように促します。シードヘッドや立ち枯れを楽しみたい株は、2月下旬頃、新芽が動く前のタイミングで株元で切り戻します。

常緑のグラス類の切り戻し

ヤブランや常緑のカレックスは、冬の間も緑を保っていますが、古くなると葉色が褪(あ)せたり葉先が茶色く汚くなったりします。3月上旬頃、葉を地ぎわから刈り込むと新芽に生え変わることができ、株の掃除が楽になります。ヤブランは毎年でもよいですが、カレックスは状態により数年に1度行うとよいでしょう。そのタイミングで株分けも可能です。3月に葉を刈り込むと、4月には新しい葉が勢いよく伸び、5月頃には見栄えがよくなります。

カットバック後

カレックス'エヴァリロ'の例

ヘレボルスの切り戻し

冬を迎える頃、古い葉を中心に株元から取り除き、きれいな葉のみ残すようにします。古葉を切ることで新しい葉や中央の花芽に十分な日光が当たるよう調整し、春の花芽が立ち上がりやすくします。

カットバック前

カットバック後

切り戻しをするかしないかの違い

ここではフロックス・パニキュラータを例にとり、切り戻しの説明をします。
草姿や花房の大きさなどダイナミックに育てたい場合は、切り戻しはせずにそのまま育ててもよいし、
花数をふやし、草丈を抑えたい場合は切り戻しをします。

ダイナミックに育てたい場合

花期を迎えるまでカットバックしないまま育てると、草丈が伸び、花穂も大きくなります。
開花中は花がらを摘み、咲き終わった花穂を切り取ると、
わき芽が伸びて次の花が咲きます。

❶花がら摘み
咲き終わった花は、なるべく摘み取るようにしましょう。

❷花穂切り
全体が咲き終わった花穂を切り取ります。葉はなるべく残すように。

❸花期終了頃の剪定
初秋になり花期が終わりかけたら、なるべく早く花穂を切るように。できるだけ葉を残し、光合成を促しましょう。

❹地上部の刈り取り
地上部が茶色く枯れたら、株元で切り取りましょう。地ぎわに芽が出た状態で越冬します。

草丈を抑え、花数をふやしたい場合

花が大きいため、立地によっては倒れやすくなります。倒れや蒸れが心配な場合は、
5月中下旬頃に半分カットバックして草丈をそろえると倒れにくくなり、梅雨どきの蒸れ防止にもなります。
カットすると花数が倍にふえる分、花の大きさは小さめになりますが、草丈はやや低い程度で、夏の間花を咲かせます。
株全体をカットバックせず、切る茎と切らない茎と半々になるようにカットし、花のタイミングをうまくずらす手法もあります。

開花

切り戻さずに育てる場合よりやや草丈が低くなり、倒れず花数がふえます。結果的にこんもりたくさん咲きます。

カットバック

株を1/2程度切り戻します。高さがほしければ上から1/3程度でもかまいません。花芽は気にせず切って大丈夫です。

カットバック前

5月に草丈50～60㎝くらいになったらカットバック適期（降雨量によって伸び率は変化）。

スプリングカットバック

カットバックの中でも、冬から芽出しの時期にかけて地上部を刈り取ることを
スプリングカットバックと呼ぶことがあります。いわば春の準備のためのカットバックです。
原則、株元から刈り取りますが、グラスの種類によってはドーム型にきれいに刈り込むことで、
冬のガーデンの美観をつくり出せます。

グラス類の例

株元でカットし、株の中に残った細かいカットゴミや枯れ葉を手でかき出し、株元に光が当たりやすいようにします。

1 12月中旬のパニカム'ロストラーブッシュ'。

2 株元から10cmほど残して刈り取る。

3 カットバックをすませた状態。

アスターの例

地上部が完全に枯れる頃、すでに新芽が出ています。枯れた上部がなくなることにより、新芽に十分日が当たる状態になります。

1 地上部が完全に枯れた状態。

2 すでに新芽が出ているので、新芽を傷つけないよう枯れた枝をカット。

3 新芽に十分、日光が当たる状態になる。

カットした植物でスワッグを

庭の恵みを使ったスワッグを飾ってみませんか。これまでカットしたシードヘッドや花をドライフラワーにしたり、グラス類は初秋に一部カットして干しておくとより美しい葉色が楽しめます。スプリングカットバックのタイミングでドライになっている植物たちを束ねて楽しむのもよいでしょう。さまざまな植物の質感・素材を使って組み合わせ、あなただけの素敵なナチュラルスワッグをつくってみてください。

❶アキレア ❷エキナセア ❸ルドベキア
❹ミューレンベルギア・カピラリスの穂
❺パニカム'チョコラータ' ❻ルリタマアザミ ❼スキザクリウム

挿し芽

挿し芽は、茎部分を用土に挿して植物をふやす方法で、適期は初夏と秋です。カットバックの際に出た茎でも、試してみる価値はあります。ペンステモン、宿根サルビア、アガスターシェ、カラミンサなどは挿し芽に向いています。しっかり湿らせた用土に挿し穂を挿し、明るい日陰で水を切らさずに管理をして発根を待ちます。多くの場合、2週間くらいで発根します。

フロックス・パニキュラータの芽挿しをしているところ。

3ヶ月後

3ヶ月後には発根して、定植できるようになる。

サルビア・ガラニチカの挿し芽

用意するもの

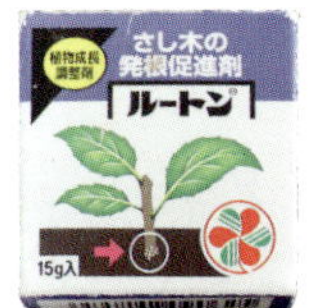

- 発根促進剤（ルートンなど）
- 植物活力剤（メネデールなど）
- 用土（バーミキュライトなど）
- 園芸バサミ
- 挿し芽をするプラ鉢など

準備

カットした茎を植物活力剤（メネデール）入りの水にしばらく漬けて、水あげをする。

1 トップの花芽は取り除き、節2つずつに分け、節の下を長めにカットする。
＊1本の茎で何個も挿し芽をつくることができる。

2 1節めの花芽、2節めは葉と花芽は取り除き、茎を2節め下から1cmくらいで斜めにカットする。

3 1節めの葉のみになったら、葉の半分をカットする。

4 斜めにカットした茎の切り口を発根促進剤につける。

5 葉のない2節めが土に5mm～1cmほど隠れる深さまで用土に埋める。

株分け

宿根草は長期間植えたままにしておくと花つきが悪くなったり、中心部が枯れ、根詰まりを起こして生育が悪くなるなど、株が衰退していきます。株分けをして植え直すことで、株の若返りを促すことができます。頻度は3〜4年に一度が目安ですが、品種によってはもっと頻繁なほうがよい場合もあります。

株分けの方法は、一度株を掘りあげ、3〜4芽つけて株を分け、腐葉土やたい肥を混ぜて土壌改良を行ってから、状態のよい株を植えつけます。適期は秋または早春で、主に夏〜秋に開花するものが春の株分けに適しています。

ふえて密集した状態のルドベキア。

山菜掘りナイフ。株分け時、スコップと刃物の両方の役目を果たす便利なツール。

ルドベキアの株分け

ルドベキアは株立ち状になるタイプの宿根草で、密集すると株の中心が枯れたり、生育が衰えたりします。株分けは早春が適期で、3月ごろ行います。また、ルドベキアはこぼれ種でどんどん広がり、株の領域を拡大していく性質があります。育てる領域を決め、それよりもはみ出しているものは春のうちに取り除きましょう。

1 シャベルでざっくりと土ごと掘り上げる。

2 根と新しい株が密集しているので、ざっと土を落とし、手で割れるようなら割る。

3 山菜掘りナイフで、切り分ける。

4 1芽ずつバラバラにせず、3〜4芽で1株を目安に。必ず根がついているようにする。

5 木質化した芽は取り除く。

6 株分けした苗を植える。元の場所に植える際は、土を耕して土壌改良材を入れる。

種まき

宿根草の種が採取できたら、種まきを試してみましょう。用土は市販の種まき用土を利用すると簡単です。底の浅いトレイにまくか、セルトレイなどを利用しましょう。種には、光を好む好光性のものと光が苦手な嫌光性のものがあるので、種まきをする植物の性質を調べ、好光性の場合は覆土を少なめにします。双葉が出たところで間引きをし、本葉が2～4枚になったらポットに植え替えます。ポット上げ直後は底面潅水し、雨の当たらない明るい日陰で数日管理。しっかり育ったら、定植します。

すじまき

トレイに用土を入れ、用土の表面に割りばしなどで溝を掘り、種をまいていきます。品種名がわからなくならないよう、必ずラベルを挿しておきましょう。

セルトレイ

くさび型のポットが連結している育苗用のトレイ。底面潅水がしやすく、根を傷めずに抜きやすいのも特徴です。

ポット上げ

トレイで育てた小さな苗をポットに移す作業をポット上げといいます。ポットでしばらく管理し、十分に根が育ってから庭に定植するとよいでしょう。

ポット植えして本葉が5～6枚展開したら、定植します。

トレイなどから抜くときは、根を傷めないように。

ラベルとプランツリスト

庭に植物を植える際は、植物名がわからなくならないよう、ラベルを挿しておくとよいでしょう。見栄えも考えて、自分なりに工夫したラベルをつくるのも楽しい作業です。また、どんな植物を育てているか、リストをつくっておくこともおすすめします。

苗を購入した際のラベルをファイルしておくのもおすすめ。

緑のラベルに白文字で植物名を書き、おしゃれな雰囲気に。

その他の作業

【花がら摘み】

花が咲いたあとそのままにしておくと、種をつくるために株の体力が奪われます。パンジー・ビオラなどの一年草はとくに、花がらを摘むことで、長期間花を楽しめます。ただし宿根草のシードヘッドを楽しみたい場合は、花がらを残すようにします。

【水やり】

地植えの場合、真夏に晴天が続いたら水やりが必要です。地中まで水を行き渡らせるためには、1株につき30秒くらいかけて、根元にたっぷりと。できれば日中を避け、朝か夕方に水やりをします。

【支柱たて】

背が高くて風にあおられやすかったり、まだ株が若くて茎が軟弱な場合は、支柱を添えてサポートします。プラスチック製の支柱もありますが、ナチュラルな雰囲気を壊さないためには、剪定枝など自然の素材を利用しましょう。

【草取り】

雑草が生えたままだと、美観をそこねるだけではなく、他の植物の生育にも影響します。初夏は、あっという間に雑草が伸びます。なるべく小さいうちに草取りをするようにしましょう。なお草取りの手間を少しでも省くためには、敷石を敷いたりグラウンドカバープランツを植えるなどするとよいでしょう。

草取り鎌
刃が曲がっていることで、効率よく根から草取りができる。

ギザギザの刃を土中に入れて根ごと引き抜く。

【肥料について】

肥料を与えすぎると、植物は自力で栄養を得る努力ができなくなり、根がひ弱になってしまいます。土壌微生物が多い肥沃な土であれば、ほぼ植物は健やかに育ちます。肥料はあくまで成長をサポートするための補助と捉え、必要なときに適量を与え地力を維持する程度にしましょう。土中の有用菌が活発に活動していると、肥料は少量でも効果があります。環境に負荷をかけないためにも、オーガニックな栽培を心掛けたいところです。

【こぼれ種の整理】

植物によっては、こぼれ種でどんどんふえていき、他の植物を弱らせてしまう場合があります。芽が出たらどのくらい残すかを考え、小さいうちに間引きしましょう。

【マルチング】

バークチップやバークたい肥などでマルチングを行うと、雑草防止、泥はね防止、寒さ対策、土の乾燥防止、暑さからの回避、土壌改良などの効果が得られます。霜や寒さ対策、冬季の乾燥防止を目的とする場合は、12月に入ったらマルチングを行いましょう。

【防寒対策】

寒さにやや弱い植物は、地域によっては冬季、防寒対策が必要です。方法としては不織布をかけたり、冬越しが心配な植物は、鉢上げして霜や雪を避けられる日当たりのよい軒下などで冬越しさせます。ダリアなど、掘り上げて保管したほうがよい球根植物もあります。

霜の強い地域ではラナンキュラス ラックスに不織布をかけて防寒。

耐寒性がやや弱いサルビア'ローマンレッド'の例。このように掘り上げて鉢に植え替え、霜が当たらない場所で管理する。

Part 3

お手本にしたい宿根草ガーデン

地域の特性に合わせて
宿根草を取り入れた
個性が光るガーデンを紹介します。

野原エリアと雑木エリアで2つのイメージ

群馬県　兼岡邸

初夏

DIYの通路の両側は、野原のイメージ。さまざまな宿根草、グラスで構成されている。

40℃に耐える植物を選ぶ

フェンスの内側は雑木中心の庭、外側は野原のイメージと、まったく違うイメージの2つの庭がある兼岡邸。内陸部で夏は40℃近くになる日もありますが、日向の野原ガーデンはほぼ水やりなしでも育ってくれる植物を中心に育てています。

「真夏はエキナセアやルドベキアなど暑さに強い宿根草が中心で、シードヘッドも残しています。こぼれ種でふえる植物も多いですね」と兼岡さん。花色を絞り、春は白と青、夏が近づくとピンクと黄色をふやし、秋はグラスとシードヘッド中心でまとめています。雑木の庭は半日陰向きの植物中心で構成。白花を多くし、リーフ類も活用しています。

環境に合うか試行錯誤

冬は宿根草を根元から切り、地面をバークたい肥で覆います。数年続けたら、土質がよくなってきたそうです。

「2つのガーデンで気づけば約100種の宿根草を植え、環境に合うものだけが残りました。同じ庭でも場所によって育たないものもあり、今も試行錯誤中です」

アスター'リトルカーロウ'、アスター'ビクトリア'、アスター'メンヒ'、カリガネソウ(斑入り)などブルー〜薄紫で花色をまとめ、アクセントに赤い穂のペルシカリア'ブラックフィールド'。

秋

Point 1

花色を絞ってシックに

野原ガーデンは、年間を通してブルー〜薄紫が基本色。そこに、差し色で赤〜えんじ色、黄色の花が見え隠れします。

初夏

手前のピンクの花は、夏から咲き続けるフロックス・パニキュラータ。

同系色のサルビア・クレベランディとクナウティア・アルベンシス。右手の黄色い玉状の花はクラスペディア・グロボーサ。

秋に咲く花

チェリーセージ'ソークールペールブルー'

ロシアンセージ

スーパーサルビア'ロックンロールブルーティアーズ'

サルビア'インディゴスパイヤーズ'

スーパーサルビア'ロックンロールディープパープル'

秋

Point 2

アクセントに存在感のあるグラスを

カラマグロスティス・ブラキトリカやスキザクリウム'プレーリーブルース'などの大型グラス、ロシアンセージなどが風景の核に。真紅のダリアもアクセントになっています。

Point 3

風を感じる植栽

雑木ガーデンとの境い目にあるフェンス付近は、スティパ・テヌイッシマやカレックスなどグラスを多めにし、風を感じさせる植栽に。フェンスには、渋い色合いのバラ'あおい'と'いおり'を誘引しています。

手前はネペタ。白い小花が咲いている樹木はシルバープリベット。

明るい半日陰で咲く宿根草

ゲラニウム'ロザンネ'

マーシャリア

ベロニカストラム'ラベンデルトルム'

草丈が高い一年草の白花のラークスパーが、さわやかさを演出。

Point 4

半日陰エリアは白花と葉のバリエーションで構成

雑木ガーデンは薄暗くなりがちなので、白花の植物や斑入り葉、黄金葉の植物で明るさを出しています。白以外は、青〜薄紫のヤマアジサイやクレマチス、淡いピンクのマーシャリアなど、色数を絞っています。

フェンスぎわの白いシセンウツギが、ポッとあたりを照らしているよう。

Point 5

フェンス沿いの狭いエリアは葉色で変化を

日照が少ないウッドフェンス沿いのエリアは、リーフ類中心の植栽に。ブルー系のギボウシ、ミズヒキ、ペルシカリア等。通路沿いに葉色の異なるリーフを植え、変化を出しています。

宿根草
❶カレックス・エラータ'オーレア'
❷プルモナリア'ダイアナクレア'
❸ギボウシ'フランシスウィリアムズ' ❹アルンクス
❺ビオラ・ソロリア（アメリカスミレ） ❻フッキソウ
❼エゴポディウム'バリエガータ'

変化を演出するリーフ類

ワイルドオーツ'リバーミスト'

ツワブキ'希木麒麟（ききさりん）'

ルブス・カリシノイデス'ライムパラソル'

Point 6

暗めの場所もあきらめない

家屋の裏にあたり、高い塀に囲まれた常緑樹下のエリア。日照が少なく、あまり水はけもよくない場所なので、石を積んでレイズドベッドにし、半日陰で育つ植物を植えています。

ヤマアジサイやギボウシなどで植栽を構成。

宿根草
❶ギボウシ'フレグラントブーケ'
❷ホタルブクロ ❸エンレイソウ
❹ティアレラ ❺ギボウシ'オーガストムーン'
❻ギボウシ'ハルシオン' ❼クサソテツ
❽ギボウシ'フランシスウィリアムズ'
❾ミヤコワスレ

低木
❶ヤマアジサイ'七変化' ❷ヤマアジサイ

リーフ類で豊かな風景をつくる

千葉県 T邸

初夏の風景。白い斑が際立つ手前のチャイニーズフェアリーベルズ‘ムーンライト’とイエロー系のラナンキュラス ラックスがアクセントに。

リーフの美しさに注目

Tさんが本格的に庭をつくり始めたのは2003年。通路やレイズドベッド、パーゴラなどフェンス以外の部分はほとんどDIYでつくりました。

中木、低木、宿根草のバランスを考えて配置し、ところどころ一年草を植え、落ち着きのある風景に。半日陰になる場所も多いので、リーフ類や半日陰向きの植物を多く取り入れています。リーフ類は、隣り合う植物の葉形や葉色にコントラストがつくように配置。また、初夏にはつる性のバラやクレマチスが、華やぎを添えてくれます。

植え替えで風景を整える

「宿根草のなかには、早く大株になるものもあります。草丈やボリュームのバランスが崩れないよう、毎年のように植え替えて場所を移動させ、風景を美しく保つようにしています」とTさん。植え替えの際、株分け作業も行います。

また、種を採取して種まきをし、ふやしています。ふえた植物を庭友さんと交換するのも、楽しみのひとつだそうです。

バラ‘ルイーズオジェ’（ピンク）と‘スノーグース’（白）を誘引。黄金葉のコデマリ‘ゴールドファウンテン’との対比が美しい。

株立ちのヒメシャラのまわりにアジサイ、アナベル、半日陰向きのギボウシ、シラン、クジャクシダなど。

ミニパーゴラに誘引しているバラは
'ボルティモアベル'。

Point 1

ミニパーゴラの下は葉で絵を描くように

DIYのミニパーゴラの下は、奥行きの狭い植栽エリア。草丈にメリハリをつけ、葉色や葉形の異なる植物を組み合わせて、一幅の絵画のような風景となっています。

宿根草
①アスター'リトルカーロウ'
②リクニス'ホワイトロビン'　③カレックス
④レセダ・アルバ　⑤ギボウシ'ジューン'
⑥ユーフォルビア'アスコットレインボー'
⑦メラスフェルラ・ラモーサ（球根植物）
⑧ヒューケラ'ドルチェ ブラックジェイド'
⑨グラジオラス'ピュアベール'

つる性植物
①クレマチス'流星（りゅうせい）'
②クレマチス'マリアコルネリア'

一年草
③ニゲラ'トランスフォーマー'
④ギリア'トリコロールトワイライト'

低木
⑤シモツケ'ライムマウンド'
⑥メギ'ローズグロー'
⑦トベラ（斑入り）　⑧赤葉ツツジ

フェンスと地面の間からも
日光と風通しを確保。

Point 2

フェンスのきわは低木でリズムをつくる

フェンスのきわのわずか奥行き15～20㎝のスペースも、諦めずに美しい植栽に。フェンスを背景に低木やつる性のバラを植え、足元はカラーリーフで構成しています。

宿根草　①イカリソウ　②ヘレボルス　③ギボウシ'ボールドリボンズ'
④ロータス'ブリムストーン'　⑤カリガネソウ（斑入り）　⑥ヨシノソウ
⑦ヒューケラ'ゴールドゼブラ'　⑧ツワブキ'浮雲錦'
⑨ヒューケラ'キャラメル'　⑩アジュガ　⑪ヒューケラ'ストロベリースワール'

低木　①バラ'ヒッポリテ'　②アジサイ'未来'
③シセンウツギ　④トキワマンサク'ブラックビューティ'
⑤ヤマアジサイ'白扇（はくせん）'　⑥ツリバナ
⑦ヤマアジサイ'九重凛花（くじゅうりんか）'

バードバスがアクセントに。左上の斑入りのアジサイは‘恋路ヶ浜’。

Point 3

隣り合う植物のコントラストを意識

リーフ類を植えるときの原則は、隣り合う葉の葉色や葉形にコントラストをつけること。花が少ししか咲いていなくても、葉の魅力で美しい風景をつくることができます。

宿根草

❶ギボウシ‘ゴールドスタンダード’
❷クジャクシダ　❸ミツデイワガサ（低木）
❹ヒューケラ‘メルティングファイヤー’
❺ギボウシ‘ハルシオン’
❻ツワブキ‘獅子頭’
❼ホウチャクソウ（斑入り）

個性的なリーフ

ギボウシ‘ホワイトフェザー’

ギボウシ‘トクダマ’

チャイニーズフェアリーベルズ‘ムーンライト’

ツワブキ‘金環’

セイヨウメシダ‘ドレスダガー’

Point 4

秋色植物で季節を演出

オレンジ色、紫色など秋らしさを感じさせる色の植物を配置。一年草と宿根草を取り交ぜています。薄紫色のノコンギクも、秋の風情を感じさせます。

宿根草

❶ルエリア
❷サルビア‘ファイヤーセンセーション’
❸カーリメリス‘七変化’
❹ノコンギク‘藍空’
❺ポリゴナム‘ティホン’
❻ペニセタム‘JSジョメニク’

一年草

❶センニチコウ
❷ハゼラン（サンジソウ）オーレア
❸コリウス‘小粋なサンディ’
❹ジニア‘クィーンレッドライム’
❺セロシア‘霧島の秋’
❻コリウス‘カサノヴァ’
❼トウガラシ‘ブラックパール’

アンティークカラーで大輪のジニア‘クィーンレッドライム’が秋の庭によく似合う。

一年を通して美しいグラスの庭

群馬県　荒木邸

4月上旬

ようやく訪れた春の息吹

カレックス・エラータ‘オーレア’の若い葉。この品種は春先に茶色の穂が出るので、いわば春の使者のようなグラス。原種系チューリップや銅葉のゲラニウムとよく調和しています。

バラの庭からグラスの庭へ

庭づくりを始めた当初は、バラと宿根草の庭を目指したという荒木さん。ただ、冬は乾燥した寒風が吹き、夏は40℃近くまで気温が上がるため、枯れる植物も多かったとか。そこで方針を変え、グラス類をふやしていったそうです。

「子どもの頃、近くの土手にススキが生えていたのが印象的で。そんな風景を再現したくて、まずススキを植えました」

ナチュラル・ガーデンの提唱者のポール・スミザー氏の本にも影響を受け、少しずつグラスをふやし、今は約15種類のグラスを育てています。イメージは、アメリカの草原と日本の野原の折衷。グラスとともに、季節ごとにナチュラルな雰囲気の花が庭を飾ります。

厳しい環境でも美しく

育て方の特徴は、肥料を用いないこと。冬にバークたい肥をたっぷりまくと、土質がよくなるうえ、雑草も防げるそうです。

「ペニセタムは種が飛びすぎるので、20日くらい穂を楽しんだら、早めに切るようにしています。草丈の高いグラスは倒れやすいので、鉢植えにして埋め、支柱をします。厳しい気象環境の土地で、どう美しい庭をつくるのか。植物の選び方や育て方など、毎年実験しながら庭づくりをしている感じです」

4月下旬

ペレニアル フラックス

一面ブルーの野原に

庭へと続く通路は、満開のペレニアル フラックスでブルーの野原のよう。この花が咲くと、本格的な春の訪れです。

アムソニア・フブリヒティ

6月 **夏の花が咲き始める** エキナセア'マグナス'が花盛り。右奥のピンクの穂はミソハギ。

7月

ルドベキアと グラスの穂の競演

ルドベキア'ゴールドストラム'が満開に。左のグラスはペニセタム'カーリーローズ'、ルドベキアの背景のグラスはディスカンプシア'ゴールドタウ'。

ルドベキア・マキシマ

9月

光に秋の気配が感じられるように

グラス類の穂が美しくなり、ルドベキアは徐々にシードヘッドへと移行。左のグラスはペニセタム'カーリーローズ'。9月はまだまだ暑い日も多いですが、植物は確実に秋に向かっています。

おすすめのグラス

パニカム'ヘビーメタル'

ブルーがかった葉が他の植物のよい背景になります。

ペニセタム'ハメルンゴールド'

大きくなりすぎないので、他の宿根草と一緒に育てやすく、春の明るい色の新芽も魅力。

ペニセタム'グリーンスパイク'

直径が100〜150cmと大型になるので、広めの場所が必要。

カレックス・エラータ'オーレア'

水分の多い木陰で育てると色が鮮やかになります。

コメガヤ

日本産の植物で、木陰でもよく育ちます。

10月

ススキが秋の野の風情を演出

ススキ'パープルフォール'（右奥）と、ペニセタム'グリーンスパイク'（左）。ススキの手前にはパニカム'ヘビーメタル'。

秋の花と響き合って

晩秋のガーデンを飾るサラシナショウマの白い穂とグラスのスキザクリウム'プレーリーブルース'。

11月

12月

冬枯れの景色を楽しむ

すっかり冬景色に。すでにスプリングカットバックをすませた植物もありますが、ぎりぎりまで穂を残し、冬枯れのガーデンを楽しみます。

春に株分けを

冬に木枯らしが吹く地域なので、秋に株分けをして植え替えると根をしっかり張れなかったり枯れる可能性があるので、グラス類は春に株分けをしています。

家屋沿いのトレリスにバラを誘引。5月の華やかな風景。

宿根草と一年草で華やかに

東京都　小関邸

花中心の華やかな庭

日当たりがよくやや乾燥しがちな小関邸のガーデンは、花いっぱいの野原のよう。季節の移ろいとともに少しずつ花の色彩が変わってゆき、春はやさしい色合い、夏は元気の出る色、秋はシックな色合いがベースになっています。

木陰の半日陰エリアは白い花や斑入り葉などで、なるべく明るく見えるように。道路沿いのレイズドベッドは歩く人から美しく見えるよう、背景にバラを誘引し、植物に高低差をつけています。

土づくりは発展途上

春は宿根草が大きく育つまでの間、一年草に混じって小球根の花が日を楽しませてくれます。一年草は種から育て、6月にすべて抜き、7月には秋に咲く一年草に植え替えます。

力を入れているのが、土づくり。「腐葉土、バークたい肥、牛糞、くん炭、パーライト、ゼオライトなどで土質改善を行っています。配合はどうするのがよいのか、今も試行錯誤中です」と小関さん。必要に応じて一部の場所に少量化学肥料も使い、より花を美しく咲かせるための工夫を続けています。

ピンクの花はフロックス・ピロサ、淡いオレンジ色の花は球根植物のイキシア。

可憐な球根植物。イエローの花はグラジオラス・トリスティス コンコロール、オレンジ色の花はホメリア。

アスペルラやパンジーなどの一年草の間から、チューリップ'ガボタ''クイーンオブナイト''ブラックヒーロー'。

Point 1

球根植物でアクセントをつける

一年草や宿根草の合間に、季節感が感じられる愛らしい球根植物を植えてあります。小さくても存在感のある花のものが多いので、ガーデンのアクセントになります。

春のガーデンを彩る球根植物

アリウム・シクラム

アリウム・トリケトラム

原種系チューリップ 'アニカ'

原種系チューリップ 'ペパーミントミスティック'

イキシア・パニキュラータ イオス

チリアヤメ

グラジオラス・トリスティス コンコロール

イキシア・ビリディフローラ

アリウム・ロゼウム

奥は100cmほどになる植物、通路沿いは草丈10〜15cmの植物を配置。

レイズドベッドの足元に奥行き20cmほどの植栽エリアを設けてある。

Point 2

高低差をつける

植物に高低差をつけることで、立体感や奥行きが強調されます。基本は奥に背の高い植物、手前に低い植物を。またレイズドベッドの後ろの柱にメッシュフェンスを打ちつけ、バラを誘引。足元にも植栽エリアを設けることで、3段階の高さで植物を楽しめます。

Point 3

半日陰を明るくする

庭の端のほうには木が植えられています。木陰の半日陰エリアには、木陰を明るく見せてくれる花色の宿根草が植えてあります。

半日陰でも元気に咲いてくれるフロックス・ピロサ。

木の下に植えられた白花のシラン（斑入り）。

庭を彩る宿根草図鑑

ガーデンで映える魅力的な宿根草や
注目の品種を紹介します。
ガーデンに取り入れる際、参考にしてください。

※図鑑の見方はp6参照。

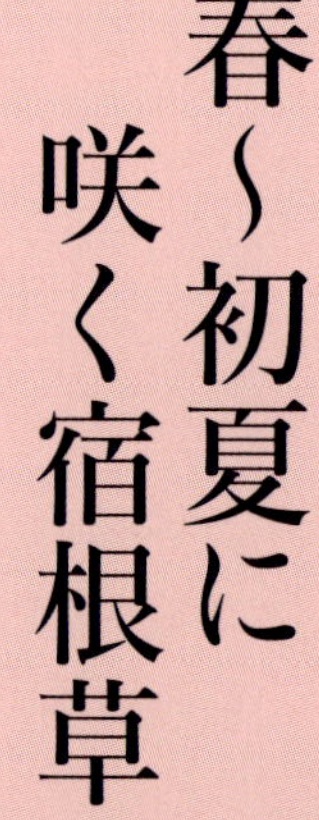

春～初夏に咲く宿根草

春に咲く宿根草や宿根草の花のピークである初夏に花を咲かせる植物を集めました。切り戻しをすることで、秋ごろまで何回か咲く品種も含まれています。

クナウティア・アルベンシス

Knautia arvensis
スイカズラ科

[花期] 初夏～秋
[休眠期の株の状態] 常緑～半常緑
[草丈] 40～60cm　[日照] 日向～やや半日陰
[耐暑性] ■■■　[耐寒性] ■■■

花茎がすっと伸び、分枝しながら次々と淡いライラックブルーのマツムシソウに似た花を咲かせます。揺れるように咲く姿が洋風・自然風の庭に合います。丈夫で花期は長く、こぼれ種でもふえます。

リクニス・フロスククリ

Lychnis flos-cuculi
ナデシコ科

[花期] 春～初夏
[休眠期の株の状態] 常緑～半常緑
[草丈] 30～60cm　[日照] 日向
[耐暑性] ■■■　[耐寒性] ■■■

別名カッコウセンノウ。春に長い花茎を伸ばしてふんわりと美しいピンクの小花をたくさん咲かせます。野趣あふれる花で洋風・自然風の庭に合います。やや湿り気を好み、こぼれ種でもふえます。

アムソニア・フブリヒティ

Amsonia hubrichtii
キョウチクトウ科

[花期] 春
[休眠期の株の状態] 落葉
[草丈] 60～90cm　[日照] 日向～半日陰
[耐暑性] ■■■　[耐寒性] ■■■

別名イトバチョウジソウ。糸のように葉が細く繊細で、丈夫で美しい品種。淡い水色の星形の花が春に咲き、緑の葉、秋の黄葉と四季を通して観賞期の長い植物です。生育が遅く、3年かけて成熟します。

アキレア

Achillea
キク科

[花期] 初夏～夏　[休眠期の株の状態] 半常緑
[草丈] 25～120cm　※品種により異なる
[日照] 日向
[耐暑性] ■■■　[耐寒性] ■■■

別名ノコギリソウ。薬用ハーブ。黄、橙、ピンク、赤、白などの小花を房状に咲かせます。日当たりがよく、乾燥ぎみの開けた場所や荒れ地を好み、高温多湿に弱いため、水はけと風通しのよい場所に植えます。

フロックス'ビルベーカー'

Phlox carolina 'Bill Baker'
ハナシノブ科

[花期] 春～初夏
[休眠期の株の状態] 常緑～半常緑
[草丈] 30～40cm　[日照] 日向～やや半日陰
[耐暑性] ■■■　[耐寒性] ■■■

葉丈が低く、細い花茎が伸びてかわいいピンク色の花を咲かせます。花は長く繰り返し咲いてくれます。強健で地下茎で広がるようにふえ、荒地でも育ちます。群生させると春の庭が華やかになります。

ペンステモン'ダークタワーズ'

Penstemon digitalis 'Dark Towers'
オオバコ科

[花期] 初夏
[休眠期の株の状態] 常緑
[草丈] 60〜80cm [日照] 日向〜やや半日陰
[耐暑性] ■■■ [耐寒性] ■■■

ピンク色の花をたくさん咲かせ、ダークな茎と銅葉が美しい品種です。夏場もダークな葉色が退色しにくいため、シックなカラーリーフとして通年楽しめます。性質は強健で水はけのよい土を好みます。

バプティシア

Baptisia australis
マメ科

[花期] 晩春〜初夏
[休眠期の株の状態] 落葉
[草丈] 80〜120cm [日照] 日向
[耐暑性] ■■■ [耐寒性] ■■■

和名ムラサキセンダイハギ。美しい青紫の花をたくさん咲かせます。水はけがよければ土質を選ばず、年々大株になります。放任でもよく育ちます。青紫の他に白、黄、ピンクの品種があります。

ジャーマンアイリス

Iris germanica
アヤメ科

[花期] 初夏
[休眠期の株の状態] 常緑
[草丈] 60〜100cm [日照] 日向
[耐暑性] ■■■ [耐寒性] ■■■

アイリスの中でも最も華やかで色彩豊富で、品種も多彩です。やせた土地や乾きぎみの場所を好むため、乾きやすいところに浅めに植えるとよいでしょう。傾斜地、盛り土したところなどが適地です。

エリンジウム'ブルーグリッター'

Eryngium planum 'Blue Glitter'
セリ科

[花期] 初夏
[休眠期の株の状態] 落葉
[草丈] 50〜70cm [日照] 日向〜半日陰
[耐暑性] ■■□ [耐寒性] ■■■

銀青色のトゲトゲした苞葉（ほうよう）と球状の花が個性的な植物です。比較的耐暑性のある品種で、切り花やドライフラワーにも向きます。水はけのよいやせぎみの土を好み、こぼれ種でよく発芽します。

エキナセア・パリダ

Echinacea pallida
キク科

[花期] 初夏
[休眠期の株の状態] 落葉
[草丈] 60〜80cm [日照] 日向
[耐暑性] ■■■ [耐寒性] ■■■

ピンク色の花が細く垂れ下がって咲く野趣に富んだ原種のエキナセアです。大株になると花数がふえ、見応えがあります。シードヘッドの造形が美しく、秋まで残ります。自然風の庭によく合います。

ペンステモン'ハスカーレッド'

Penstemon digitalis 'Husker Red'
オオバコ科

[花期] 初夏
[休眠期の株の状態] 常緑
[草丈] 60〜80cm [日照] 日向〜やや半日陰
[耐暑性] ■■■ [耐寒性] ■■■

白地に桜色がかった花が咲きます。シックな銅葉や茎が美しいカラーリーフプランツです。夏場に葉は暗い緑色に変化します。強健で、こぼれ種でもふえる丈夫な品種です。水はけのよい土を好みます。

アスクレピアス・チューベロサ

Asclepias tuberosa
キョウチクトウ科

［花期］初夏〜夏
［休眠期の株の状態］落葉
［草丈］50〜60㎝　［日照］日向
［耐暑性］■■■　［耐寒性］■■□

一般的な一年草のアスクレピアスとは違う宿根草タイプ。オレンジの小花が集まって咲き、丈夫で育てやすく乾燥地を好み、やせ地でも育ちます。花後に半分程度切り戻すと、姿よく繰り返し花を咲かせます。

ディエテス・イリディオイデス

Dietes iridioides
アヤメ科

［花期］初夏〜夏
［休眠期の株の状態］常緑
［草丈］50〜60㎝　［日照］日向
［耐暑性］■■■　［耐寒性］■■□

アフリカ東部〜南部原産の温暖地向きの常緑アヤメで、白い花を繰り返し咲かせます。乾燥にもある程度強く、丈夫でローメンテナンス。葉はニューサイランのような細長い剣状で、草姿のよい植物です。

シャスターデージー‘スノードリフト’

Leucanthemum×superbum ‘Snow Drift’
キク科

［花期］初夏〜夏　［休眠期の株の状態］落葉
［草丈］50〜70㎝　［日照］日向
［耐暑性］■■■　［耐寒性］■■■

半八重咲〜八重咲のマーガレットのような白い花を豪華に咲かせます。性質は丈夫で土質も選びません。年々大株になり放任でも育ちます。花がらをカットしておくと花期が長くなります。

アガパンサス

Agapanthus
ヒガンバナ科

［花期］初夏〜夏
［休眠期の株の状態］常緑〜落葉
［草丈］30〜150㎝　［日照］日向〜半日陰
［耐暑性］■■■　［耐寒性］■■□

寒さに強い落葉種と半耐寒性の常緑種があります。猛暑に強く、強健。細い葉で立ち姿が優雅で美しく、植えっぱなしでほとんど手がかかりません。大型種から、コンパクトな草丈の小型種まであります。

ネペタ‘ウォーカーズロウ’

Nepeta racemosa ‘Walker's Low’
シソ科

［花期］晩春〜初夏
［休眠期の株の状態］半常緑
［草丈］30〜50㎝　［日照］日向〜半日陰
［耐暑性］■■■　［耐寒性］■■■

別名キャットミント。花は濃い青藤色が美しく、葉はシルバーリーフで芳香があります。乾燥に強く丈夫で株はこんもりと茂り、ボリュームが出ます。花後切り戻しをすると、姿よく繰り返し咲きます。

ゲラニウム‘タイニーモンスター’

Geranium ‘Tiny Monster’
フウロソウ科

［花期］晩春〜夏
［休眠期の株の状態］落葉
［草丈］50〜60㎝　［日照］日向〜半日陰
［耐暑性］■■■　［耐寒性］■■■

草姿はドーム状に茂り、ローズピンク色の花がたくさん咲きます。花期が長く、後半になるとまばらに咲きます。丈夫で耐暑性、耐雨性に優れた品種です。西日を避けられる水はけのよい場所が適します。

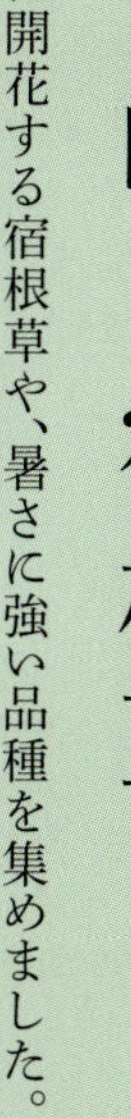
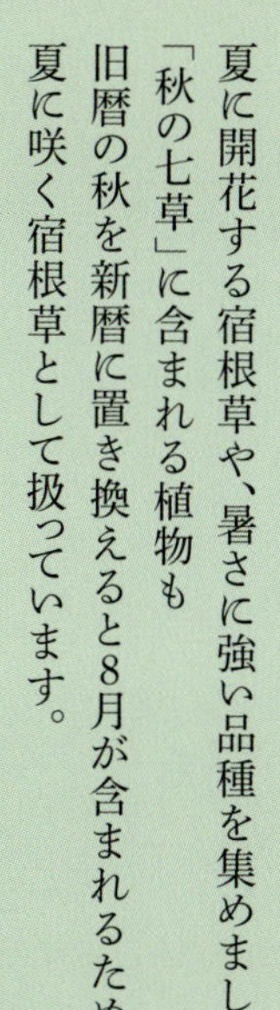

夏に咲く宿根草

夏に開花する宿根草や、暑さに強い品種を集めました。
「秋の七草」に含まれる植物も
旧暦の秋を新暦に置き換えると8月が含まれるため
夏に咲く宿根草として扱っています。

ヘメロカリス

Hemerocallis
ツルボラン科

[花期] 初夏〜夏
[休眠期の株の状態] 落葉
[草丈] 40〜100cm　[日照] 日向〜半日陰
[耐暑性] ■■■　[耐寒性] ■■■

キスゲやノカンゾウの仲間で、矮性〜高性種があり、八重咲きなど花形と花色が豊富です。強健ですが、アブラムシが発生しやすいので注意を。花後の葉が汚くなったら切り戻せば、新芽が吹き返します。

コレオプシス・バーティシラータ

Coreopsis verticillata
キク科

[花期] 初夏〜秋
[休眠期の株の状態] 落葉
[草丈] 30〜60cm　[日照] 日向
[耐暑性] ■■■　[耐寒性] ■■■

別名イトバハルシャギク。黄色やクリーム、赤系の花があります。糸のように細く繊細な葉で小さな花が多数咲きます。丈夫で乾燥や蒸れにも強く、こまめに花がら摘みをすれば、花期が長く楽しめます。

ミソハギ

Lythrum anceps
ミソハギ科

[花期] 初夏〜初秋
[休眠期の株の状態] 落葉
[草丈] 80〜150cm　[日照] 日向〜半日陰
[耐暑性] ■■■　[耐寒性] ■■■

日本原産で丈夫。湿潤〜湿地を好みますが、畑や花壇でも十分育ちます。縦に伸びるピンク色の花穂が美しく、和庭やナチュラルガーデンに合います。切り戻しつつ繰り返し咲かせることができます。

アリウム'サマービューティ'

Allium 'Summer Beauty'
ヒガンバナ科

[花期] 初夏〜夏
[休眠期の株の状態] 落葉
[草丈] 40〜50cm　[日照] 日向
[耐暑性] ■■■　[耐寒性] ■■■

夏咲きのアリウム。丈夫で、日当たりと、やや乾燥を好みます。種ができにくい特性のため、花上がりが持続し、球状の花穂を次々に咲かせます。葉はグラスのような雰囲気で、秋まで草姿を観賞できます。

モナルダ・ディディマ

Monarda didyma
シソ科

[花期] 初夏〜夏　[休眠期の株の状態] 落葉
[草丈] 40〜120cm
[日照] 日向〜やや半日陰
[耐暑性] ■■■　[耐寒性] ■■■

赤・ピンク・白・紫色と花色が豊富。丈夫で適湿な土を好みます。地下茎を伸ばして広がる性質です。花後のコロンとしたボール状のシードヘッドも魅力。うどんこ病になりやすいため注意しましょう。

'マグナス'

'ブラックベリートリュフ'

'ストロベリー アンド クリーム'

'メロー イエロー'

エキナセア

Echinacea
キク科

[花期] 夏
[休眠期の株の状態] 落葉
[草丈] 30〜100cm [日照] 日向
[耐暑性] ■■■ [耐寒性] ■■■

花の中心が球状に盛り上がり、そのまわりに放射状に花弁が広がり、存在感があります。花色も花形も変化に富み、八重咲き種や小型種もあります。暑さにも強く、夏に元気に咲いてくれ、とくにエキナセア・プルプレア系は切り戻すと次々に咲き、花期が長くなります。シードヘッドも魅力。

ユーパトリウム'レッドドワーフ'

Eutrochium maculatum 'Red Dwarf'
キク科

[花期] 夏〜秋
[休眠期の株の状態] 落葉
[草丈] 90〜180cm [日照] 日向〜半日陰
[耐暑性] ■■■ [耐寒性] ■■■

丈夫で茎軸が黒く、倒れにくく立ち姿がカッコいい西洋フジバカマ。湿潤な土を好みます。夏咲きで花後早めに切り戻すと秋に2番花が咲きます。条件がよければかなり大きくなります。

トウテイラン

Veronica ornata
オオバコ科

[花期] 晩夏〜秋
[休眠期の株の状態] 常緑
[草丈] 30〜50cm [日照] 日向〜やや半日陰
[耐暑性] ■■■ [耐寒性] ■■■

近畿から中国地方に自生する秋咲きのベロニカの一種。縦にすっと伸びるブルーの花穂が凛として美しく、花が咲いていない時期でもシルバーリーフが魅力的な植物です。強健で水はけのよい場所を好みます。

セダム'オータムジョイ'
(ハイロテレフィウム)

Hylotelephium × mottramianum
'Herbstfreude (Autumn Joy)'
ベンケイソウ科

[花期] 夏〜秋 [休眠期の株の状態] 落葉
[草丈] 30〜60cm [日照] 日向
[耐暑性] ■■■ [耐寒性] ■■■

ムラサキベンケイソウ属の植物。春の芽出しから葉のフォルムがかわいく、通年楽しめます。花は白→ピンク→赤→褐色へと変化します。丈夫で育てやすく、適湿〜乾燥地を好みます。冬の立ち枯れ姿も魅力的です。

サクシサ・プラテンシス

Succisa pratensis
スイカズラ科

[花期] 晩夏〜秋
[休眠期の株の状態] 落葉
[草丈] 40〜60cm [日照] 日向〜やや半日陰
[耐暑性] ■■■ [耐寒性] ■■■

マツムシソウの仲間で、ライラック色の小さな玉状の花が次々とたくさん咲きます。ふんわりした草姿が、ナチュラルガーデンによく合います。性質は丈夫で、適湿で水はけのよい土を好みます。

ヘレニウム

Helenium
キク科

［花期］夏〜秋
［休眠期の株の状態］落葉
［草丈］40〜100cm　［日照］日向
［耐暑性］■■■　［耐寒性］■■■

芯が丸くダンゴのように盛り上がるのが特徴。花色は黄・橙・赤系で、夏に鮮やかな花を長期間咲かせます。丈夫で土質は選ばず、風通し、水はけのよい場所を好みます。'サヒンズアーリーフラワラー'は開花期が他種より早く、花期が長いです。

'サヒンズアーリーフラワラー'

オミナエシ

Patrinia scabiosifolia
スイカズラ科

［花期］夏〜秋
［休眠期の株の状態］落葉
［草丈］100〜150cm　［日照］日向
［耐暑性］■■■　［耐寒性］■■■

野趣あふれる草姿で秋の七草のひとつ。まっすぐに伸びた茎の先端に多数の黄色い花を咲かせます。花は長期間楽しめ、立ち枯れ姿も魅力的です。乾きすぎが苦手で、適度な湿り気のある土を好みます。

フロックス・パニキュラータ

Phlox paniculata
ハナシノブ科

［花期］夏〜初秋　［休眠期の株の状態］落葉
［草丈］30〜100cm　［日照］日向〜やや半日陰
［耐暑性］■■■　［耐寒性］■■■

別名オイランソウ。強健で夏の暑さにとても強く、放任でも毎年よく咲きます。華やかで存在感があり、花色も豊富で、斑入り葉や矮性(わいせい)種〜高性種があります。うどんこ病になりやすいため風通しよく管理します。

'ハコネブルー'

キキョウ

Platycodon grandiflorus
キキョウ科

［花期］初夏〜初秋
［休眠期の株の状態］落葉
［草丈］40〜100cm　［日照］日向
［耐暑性］■■■　［耐寒性］■■■

秋の七草のひとつで星形の青紫花を咲かせます。近年小型種や白花、二重咲き種などがあります。花後に高めの切り戻しをすると、花期が長くなり秋口まで繰り返し咲きます。水はけのよい日向を好みます。

ヒオウギ

Iris domestica
アヤメ科

[花期] 夏
[休眠期の株の状態] 落葉
[草丈] 40〜100cm　[日照] 日向
[耐暑性] ■■■　[耐寒性] ■■■

日本にも自生し、暑さに強く丈夫。花色は黄、橙などで、一日花が次々に咲きます。剣状の葉が重なり扇に見える葉姿や、花後のシードヘッドも魅力です。矮性(わいせい)種にダルマヒオウギがあります。

ペルシカリア・アンプレキシカウリス

Persicaria amplexicaulis
タデ科

[花期] 夏〜秋　[休眠期の株の状態] 落葉
[草丈] 80〜120cm　[日照] 日向〜半日陰
[耐暑性] ■■■　[耐寒性] ■■■

野趣あふれる草姿で丈夫で花期も長く、赤、ピンク、白花の品種があり、キャンドルのような細長い直立した穂花をたくさん咲かせます。適湿〜湿り気のある所を好み、乾きすぎに注意が必要です。

ハマナデシコ

Dianthus japonicus
ナデシコ科

[花期] 夏
[休眠期の株の状態] 落葉
[草丈] 40〜60cm　[日照] 日向
[耐暑性] ■■■　[耐寒性] ■■□

別名フジナデシコ。本州〜九州の海岸に自生し、園芸種が出回っています。暑さや乾燥にとても強く、丈夫です。葉は肉厚で光沢感があり、花はピンクか藤色の花を咲かせます。こぼれ種でふえます。

ワレモコウ

Sanguisorba officinalis
バラ科

[花期] 夏〜秋
[休眠期の株の状態] 落葉
[草丈] 80〜100cm　[日照] 日向
[耐暑性] ■■■　[耐寒性] ■■■

野趣に富み秋の風情を感じさせ、グラス類との相性もよい野草です。やせ地でも育ちますが、湿潤な土を好むので、乾燥しすぎには注意します。園芸品種では赤以外に白やピンク色もあります。

'ブラックジャックゴールド'

'プレーリーグロー'

'ゴールドストラム'

ルドベキア

Rudbeckia
キク科

[花期] 夏〜秋（種類によって異なります）
[休眠期の株の状態] 落葉　[草丈] 30〜250cm　[日照] 日向
[耐暑性] ■■■　[耐寒性] ■■■

暑さや乾燥にも強く、強健です。宿根草タイプは種類が多く、立ち姿や花形も多彩です。花色は黄色が主ですが種類によって赤やオレンジ、ブラウンもあります。トリロバ種は小さな花を多数咲かせ、フルギダ種はとくに強健で乾燥にも耐えます。サブトメントーサ種は筒状の花弁が特徴です。

サルビア・ネモローサ‘カラドンナ’

Salvia nemorosa ‘caradonna’

［花期］初夏
［休眠期の株の状態］半常緑〜落葉
［草丈］50〜70cm　［日照］日向〜半日陰
［耐暑性］■■■　［耐寒性］■■■

花茎は黒褐色で堅く、濃い青紫の花が穂となって並びます。穂が長く、縦線が強調されるシャープな姿が特徴。花後も赤紫色のガクが残ります。夏前に花がらを切ると、また咲きます。

サルビア‘インディゴスパイヤーズ’

Salvia ‘Indigo Spires’

［花期］初夏〜秋
［休眠期の株の状態］
半常緑〜落葉
［草丈］80〜100cm
［日照］日向〜半日陰
［耐暑性］■■■
［耐寒性］■■■

別名ラベンダーセージ。花穂が長く伸び、青紫色の花が長期間咲き続けます。暑さに強く丈夫。ある程度咲いたら切り戻して草丈をコントロールすると、枝数がふえ倒伏も防げます。

サルビアの仲間　シソ科

シソ科のアキギリ属（サルビア属）の植物は900種類以上あり、宿根草の他、低木になるものもあります。さまざまな系統があり、花期も種類によって異なります。

‘アイシングシュガー’

チェリーセージ

Salvia microphylla

［花期］初夏〜秋
［休眠期の株の状態］
半常緑〜落葉（常緑低木扱いも）
［草丈］60〜70cm　［日照］日向〜半日陰
［耐暑性］■■■　［耐寒性］■■■

種小名は「小葉の」の意味。成長が早く木立になりたくさん花を咲かせ、唇弁花は赤やピンク、赤と白のバイカラーなどがあります。高温多湿が苦手なので、夏前に込み合っている枝を透きましょう。

サルビア‘ローマンレッド’

Salvia splendens×darcyi

［花期］初夏〜秋
［休眠期の株の状態］半常緑〜落葉
［草丈］40〜60cm　［日照］日向〜半日陰
［耐暑性］■■■　［耐寒性］■■■

花とガクが赤く、緑の葉とのコントラストが鮮やか。比較的コンパクトで、育てやすい品種です。花が終わったらわき芽の上で花がらを切ると、また花穂が上がります。

サルビア・ガラニチカ

Salvia guaranitica

［花期］夏〜秋
［休眠期の株の状態］半常緑〜落葉
［草丈］60〜70cm　［日照］日向〜半日陰
［耐暑性］■■■　［耐寒性］■■■

青紫の花と黒いガクが特徴。繁殖力が強く、地下茎でふえます。よい香りも魅力。よく伸びるので、春〜夏に数回切り戻すと枝数がふえ株姿も整います。メドーセージの名で流通することもあります。

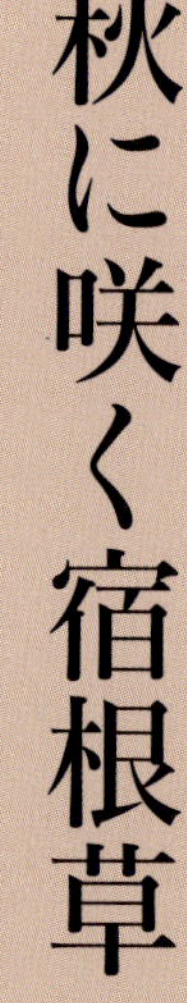

秋に咲く宿根草

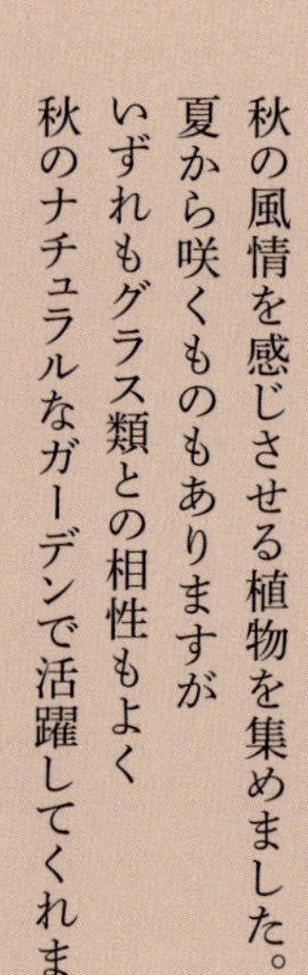

秋の風情を感じさせる植物を集めました。
夏から咲くものもありますが
いずれもグラス類との相性もよく
秋のナチュラルなガーデンで活躍してくれます。

氷結しているところ

シモバシラ

Collinsonia japonica (Keiskea japonica)
シソ科

［花期］晩夏〜秋
［休眠期の株の状態］落葉
［草丈］40〜70cm　［日照］半日陰
［耐暑性］■■■　［耐寒性］■■■

日本の山野に自生し、秋に白い小花が穂になって咲きます。適湿を好み、冬枯れした茎を長めに残しておくと、庭でも茎に霜柱状の氷結が見られます（冬が温暖な土地では氷結ができにくい）。

シュウメイギク

Anemone hupehensis
キンポウゲ科

［花期］晩夏〜秋
［休眠期の株の状態］半常緑〜落葉
［草丈］30〜150cm　［日照］日向〜明るい日陰
［耐暑性］■■□　［耐寒性］■■■

別名キブネギク（貴船菊）。秋の風情を感じさせ、日本には古い時代に中国から伝わりました。白花、ピンクの品種や矮性（わいせい）品種もあります。夏の高温乾燥は苦手。風通しが悪いとうどんこ病になるので注意を。

フジバカマ'羽衣'

Eupatorium japonicum 'Hagoromo'
キク科

［花期］夏〜秋
［休眠期の株の状態］落葉
［草丈］80〜120cm　［日照］日向〜半日陰
［耐暑性］■■■　［耐寒性］■■■

別名ハゴロモフジバカマ。細かく切れ込んだ葉が特徴で、花期以外も株姿が魅力的です。花色はピンク。丈夫で育てやすく、大型になりやすいので、夏前に切り戻すと、草丈をコンパクトに抑えることができます。

バーノニア

Vernonia
キク科

［花期］夏〜秋
［休眠期の株の状態］落葉
［草丈］60〜80cm　［日照］日向〜半日陰
［耐暑性］■■■　［耐寒性］■■■

株立ちになり、たくさんの葉を密集させ、アザミに似た赤紫色の小花が長期間咲きます。蝶を呼ぶ植物としても知られています。野趣に富み、自然風の庭に合います。シードヘッドも魅力。

ソリダゴ'ファイヤーワークス'

Solidago rugosa 'Fireworks'
キク科

［花期］晩夏〜晩秋
［休眠期の株の状態］落葉
［草丈］120〜150cm　［日照］日向〜半日陰
［耐暑性］■■■　［耐寒性］■■■

黄色い小花をつけた花が水平に伸び、花火のように枝垂れ、やや半日陰でもよく花をつけます。強健で風で倒れにくく、花期以外の株姿も魅力。他の植物と合わせやすく、大株になると見事です。

アスター‘リトルカーロウ’

Aster cordifolius ‘Little Carlow’

[花期] 初夏〜秋　[休眠期の株の状態] 落葉
[草丈] 70〜90㎝　[日照] 日向〜やや半日陰
[耐暑性] ■■■　[耐寒性] ■■■

株を覆うように花が咲き、花弁は透きとおるような薄紫色。丈夫で植えっぱなしでもよく育ち、草丈が高くなりすぎないので秋のグラス類との相性もよく、扱いやすい品種です。

アスターの仲間 キク科

キク科シオン属（アスター属）には、北米原産の品種や、日本の山野草ノコンギクなどが含まれます。交配による園芸品種も多く、秋のガーデンを華やかに彩ります。

ノコンギク

Aster microcephalus var. *ovatus*

[花期] 夏〜秋
[休眠期の株の状態] 常緑〜半常緑
[草丈] 30〜100㎝　[日照] 日向〜半日陰
[耐暑性] ■■■　[耐寒性] ■■■

日本各地に自生する野菊の代表格。野生種は白に近い淡い紫色ですが、園芸品種としては濃紫色のコンギクやピンク、赤紫色の品種もあります。丈夫で種や地下茎でよくふえます。

クジャクアスター

Aster hybrids

[花期] 夏〜秋
[休眠期の株の状態] 落葉
[草丈] 40〜70㎝　[日照] 日向
[耐暑性] ■■■　[耐寒性] ■■■

北米原産の宿根アスターの交配から生まれた高性の品種群。白、ピンク、ブルーなどさまざまな花色のものが流通しています。丈夫で育てやすく、初夏に切り戻すと倒れにくくなります。

シオン

Aster tataricus

[花期] 夏〜秋
[休眠期の株の状態] 半常緑〜落葉
[草丈] 100〜200㎝　[日照] 日向
[耐暑性] ■■■　[耐寒性] ■■■

花期には薄紫色の花を放射状に咲かせ、園芸品種には白花やピンクもあります。とても丈夫で、栽培に手がかかりません。初夏に摘心すると草丈をコントロールでき、倒れにくくなります。

アスター‘ロイヤルルビー’

Aster novi-belgii ‘Royal Ruby’

[花期] 晩夏〜秋
[休眠期の株の状態] 半常緑〜落葉
[草丈] 40〜60㎝　[日照] 日向〜半日陰
[耐暑性] ■■■　[耐寒性] ■■■

花色は印象的な濃いルビー色。秋のガーデンでひときわ映えます。中型のアスターで、草丈が比較的コンパクトなので丈のコントロールの必要がなく、狭い庭にも向きます。

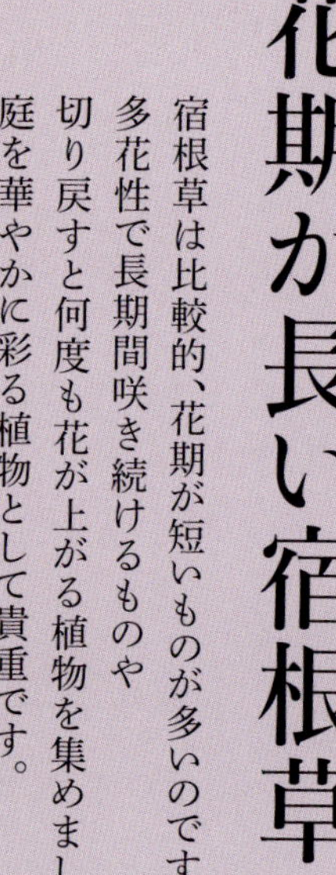

花期が長い宿根草

宿根草は比較的、花期が短いものが多いのですが
多花性で長期間咲き続けるものや
切り戻すと何度も花が上がる植物を集めました。
庭を華やかに彩る植物として貴重です。

アルストロメリア'サマーブリーズ'

Alstroemeria app. 'Summer Breeze'
ユリズイセン科

[花期] 晩春〜初冬
[休眠期の株の状態] 落葉
[草丈] 60〜120cm [日照] 日向〜半日向
[耐暑性] ■■■ [耐寒性] ■■■

シックなブロンズ色の斑入り葉に、オレンジとイエローの花が際立つ品種。従来のアルストロメリアより暑さに強く、四季咲き性があります。温暖地では夏に生育緩慢になりますが、秋に再び咲きます。

アガスターシェ 'ブルーフォーチュン'

Agastache foeniculum 'Blue Fortune'
シソ科

[花期] 初夏〜秋
[休眠期の株の状態] 半常緑〜落葉
[草丈] 60〜100cm [日照] 日向
[耐暑性] ■■■ [耐寒性] ■■■

ハーブのアニスヒソップの園芸種。成長が早く大型で、淡いブルーの花が初夏から秋まで咲きます。切り戻すと、枝数、花数をふやすことができ、草丈もコントロールできます。シードヘッドも魅力です。

ガイラルディア 'グレープセンセーション'

Gaillardia aestivalis var. 'Grape Sensation'
キク科

[花期] 晩春〜秋 [休眠期の株の状態] 落葉
[草丈] 30〜45cm [日照] 日向
[耐暑性] ■■■ [耐寒性] ■■□

原種系のガイラルディア。花茎がすっと伸びて、シックな赤紫色の花を咲かせます。晩春から次々と花を立ち上げ、夏の暑さにも負けず、長期間楽しめるのも魅力。よく日が当たる乾きぎみの環境を好みます。

エキナセア'ロッキートップ'

Echinacea tennesseensis 'Rocky Top'
キク科

[花期] 初夏〜秋
[休眠期の株の状態] 落葉
[草丈] 40〜70cm [日照] 日向
[耐暑性] ■■■ [耐寒性] ■■■

コンパクトなタイプのエキナセア。明るいピンク色の花はやや小さめで、原種系なので花弁は細めです。黒みのある花茎を次々と立ち上げ、たくさん花を咲かせます。シードヘッドも魅力的です。

エキナセア'ミニベル'

Echinacea purpurea 'Mini Belle'
キク科

[花期] 初夏〜秋
[休眠期の株の状態] 落葉
[草丈] 40〜60cm [日照] 日向
[耐暑性] ■■■ [耐寒性] ■■■

コンパクトなタイプのエキナセア。小輪系の八重咲きではとくに丈夫で、1株から次々と花茎が上がり、他の品種よりたくさん花を咲かせます。環境への適応力が高く、長寿であることが特徴です。

サルビア'ミスティック スパイヤーズブルー'

Salvia longispicata×farinacea 'Mystic Spires'
シソ科

[花期] 初夏〜晩秋
[休眠期の株の状態] 半常緑〜落葉
[草丈] 30〜60cm [日照] 日向
[耐暑性] ■■■ [耐寒性] ■■■

丈夫で育てやすく、花後に切り戻すと冬近くまでブルーの花が咲き続けます。水はけのよい乾燥ぎみの場所を好みます。'インディゴスパイヤーズ'より比較的コンパクトな品種です。

カラミンサ・ネペトイデス

Calamintha nepetoides
シソ科

[花期] 初夏〜晩秋
[休眠期の株の状態] 半常緑〜落葉
[草丈] 30〜50cm [日照] 日向〜半日陰
[耐暑性] ■■■ [耐寒性] ■■■

白や紫の溢れるような小花が、長期間咲き続けます。猛暑にも負けず、夏も花が少なくなりません。伸びすぎて株が乱れたら、切り戻すと株姿が整い再び花が上がります。ミントのような芳香があります。

'ベインズフェアリー'

'フェアリーズソング'

ガウラ'フェアリーズソング' 'ベインズフェアリー'

Gaura lindheimeri 'Fairy's Song'
Gaura lindheimeri 'Baynes fairy'
アカバナ科

[花期] 初夏〜初冬 [休眠期の株の状態] 落葉
[草丈] 30〜40cm [日照] 日向
[耐暑性] ■■■ [耐寒性] ■■■

コンパクトガウラと呼ばれ、普通種の半分ほどの草丈で、株姿もまとまり花をたくさん咲かせます。'フェアリーズソング'は赤い新芽も魅力。株が乱れたら草丈の半分くらい切り戻すと、再び花穂をつけます。

ルドベキア'リトルヘンリー'

Rudbeckia subtomentosa 'Little Henry'
キク科

[花期] 初夏〜秋
[休眠期の株の状態] 落葉
[草丈] 60〜90cm [日照] 日向
[耐暑性] ■■■ [耐寒性] ■■■

花弁が筒状になるユニークな品種。'ヘンリーアイラーズ'の小型タイプで、株張りがコンパクトなので狭い庭でも使えます。とても丈夫で乾燥にも強く、土質も問いません。花期が長く何ヶ月間も咲いてくれます。

ヘリオプシス'バーニングハーツ'

Heliopsis helianthoides 'Burning Hearts'
キク科

[花期] 夏〜秋
[休眠期の株の状態] 落葉
[草丈] 80〜120cm [日照] 日向〜半日陰
[耐暑性] ■■■ [耐寒性] ■■■

宿根のヒメヒマワリで、黄色の大きめの花で中央にオレンジ色が入ります。夏の暑い時期に多花性で次々と花を咲かせ、花期が長いのも特徴。シックな銅葉も魅力です。極度の乾燥と多湿は苦手です。

バーベナ・ボナリエンシス

Verbena bonariensis
クマツヅラ科

[花期] 初夏〜秋
[休眠期の株の状態] 落葉
[草丈] 70〜100cm [日照] 日向
[耐暑性] ■■■ [耐寒性] ■■■

別名三尺バーベナ。立ち姿が行儀よく、草丈が高くても細身なので他の植物の邪魔になりません。すっと伸びた花茎の上に紫色のポンポン状の花をつけ、長期間、花を咲かせ続けます。強健で、こぼれ種でもふえます。

ルドベキア・
‘ブラックジャック
ゴールド’
球形のシードヘッド
が長期間楽しめます
(品種説明はp104)。

秋～冬の庭に趣きを添えるシードヘッド

シードヘッドとは、種をつけた花がらのことです。
植物によってさまざまな形状のものがあり、
秋～冬の庭に美しい風景をもたらしてくれます。

アガスターシェ
‘ブルーフォーチュン’
穂の形のまま、シードヘッドに
(品種説明はp 108)。

バーノニア
キク科の植物で、アザミを小さくしたような花が咲きます
(品種説明はp106)。

ヒオウギ
アヤメ科の多年草。夏に黄色やオレンジ色の花を咲かせます。秋にさやが弾け、「射干玉」と呼ばれる黒のつややかな種が顔を出します(品種説明はp104)。

エキナセア・パリダ
存在感のあるシードヘッドは秋～冬のガーデンのアクセントに(品種紹介はp99)。

ダウカス・カロタ‘ダラ’
繊細な形状が魅力(品種説明はp61)。

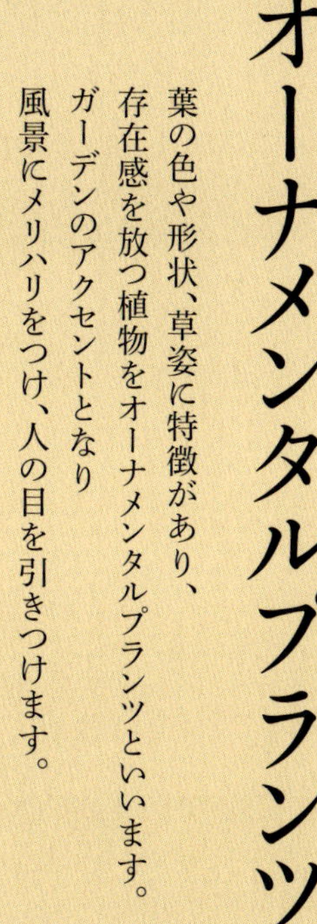

オーナメンタルプランツ

葉の色や形状、草姿に特徴があり、存在感を放つ植物をオーナメンタルプランツといいます。ガーデンのアクセントとなり風景にメリハリをつけ、人の目を引きつけます。

トウゴマ

Ricinus communis
トウダイグサ科

［花期］夏〜秋
［休眠期の株の状態］落葉
［草丈］100〜400㎝　［日照］日向
［耐暑性］■■■　［耐寒性］■□□

別名ヒマ。本来宿根草ですが、暖地を除き一年草扱い。成長が早く大きく育ちます。園芸種は銅葉と緑葉の品種があり、切れ込みのある大きな葉はカラーリーフとして夏花壇をダイナミックに飾ります。

‘ベンガルタイガー’

カンナ

Canna
カンナ科

［花期］初夏〜秋
［休眠期の株の状態］落葉
［草丈］40〜160㎝　［日照］日向
［耐暑性］■■■　［耐寒性］■□□

熱帯原産で暑さに強い植物。華やかな花も魅力ですが、縞模様の葉や銅葉など大きな葉の存在感が抜群です。冬はマルチングで防寒対策をし、0℃以下になる地域では冬季に根茎を掘り上げて保存します。

エリンジウム・ユッキフォリウム

Eryngium yuccifolium
セリ科

［花期］夏
［休眠期の株の状態］落葉
［草丈］100〜120㎝　［日照］日向
［耐暑性］■■■　［耐寒性］■■□

夏に花茎を立ち上げ、メタリックな銀白の小花をスプレー状に咲かせます。シルバーの葉はユッカに似ており、ワイルドな印象。高温多湿にも耐えます。シードヘッドも魅力的です。ドライフラワーにも向きます。

メリアンサス・マヨール

Melianthus major
フランコア科

［花期］春〜初夏
［休眠期の株の状態］常緑
［草丈］100〜200㎝　［日照］日向
［耐暑性］■■□　［耐寒性］■■□

シルバーブルーがかった鳥の羽のような大きな葉が美しく、春にエキゾチックなえんじ色の花を咲かせます。やや寒さに弱いので、庭植えは関東以西で、冬にできるだけ寒風が当たらない場所に植えます。

ニューサイラン

Phormium tenax
キジカクシ科

［花期］（日本では花が咲かないことも多い）
［休眠期の株の状態］常緑
［草丈］60〜200㎝　［日照］日向〜半日陰
［耐暑性］■■□　［耐寒性］■■□

剣のような細長い葉は、銅葉、縞模様、ピンクの斑入りなどさまざまな色合いがあります。夏の乾燥と冬の寒風が苦手。品種によって耐寒性に差があります。古くなった葉は根元から切り取ります。

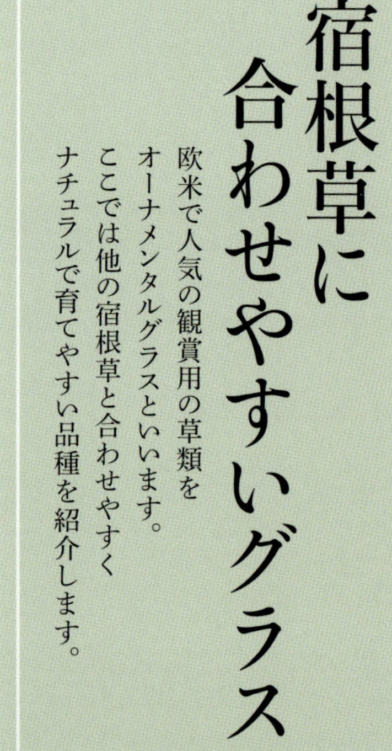

宿根草に合わせやすいグラス

欧米で人気の観賞用の草類を
オーナメンタルグラスといいます。
ここでは他の宿根草と合わせやすく
ナチュラルで育てやすい品種を紹介します。

カラマグロスティス・ブラキトリカ

Calamagrostis brachytricha
イネ科

[花期] 晩夏〜冬
[休眠期の株の状態] 落葉
[草丈] 80〜120cm　[日照] 日向〜半日陰
[耐暑性] ■■■　[耐寒性] ■■■

大変美しい柔らかい羽のような穂が出ます。ピンク→シルバー→白ベージュへと穂の色が変化します。湿潤な土を好み、半日陰にも耐えます。シードヘッドとして冬も美しい姿がしっかり残ります。

エラグロスティス・スペクタビリス

Eragrostis spectabilis
イネ科

[花期] 夏〜秋
[休眠期の株の状態] 落葉
[草丈] 30〜60cm　[日照] 日向
[耐暑性] ■■■　[耐寒性] ■■■

日当たりよく乾燥したところを好み、干ばつにも耐えます。夏に赤みがかるスモーク状の穂を出し、その後白ベージュに退色します。スモーク状の穂に全体が包まれ、まとめて植えるとよさが出ます。

カレックス'プレーリーファイヤー'

Carex testacea 'Prairie Fire'
カヤツリグサ科

[花期] 夏
[休眠期の株の状態] 常緑
[草丈] 30〜50cm　[日照] 日向
[耐暑性] ■■■　[耐寒性] ■■■

テスタセアの選抜種で、細いラインの常緑のグラスは1年中カラーリーフを楽しめます。春夏はオリーブグリーンの葉で、秋にはオレンジ色に紅葉し、早春まで美しいオレンジ色の葉を楽しめます。

カレックス'エヴァリロ'

Carex oshimensis 'Everillo'
カヤツリグサ科

[花期] 春
[休眠期の株の状態] 常緑
[草丈] 30〜40cm　[日照] 日向〜半日陰
[耐暑性] ■■■　[耐寒性] ■■■

カラーリーフプランツ。オシメンシスの品種で明るい黄色い葉が庭を明るくしてくれます。丈夫で育てやすく、日向でもシェードガーデンでも活躍できます。大きく育つと幅60cmくらいになります。

カラマグロスティス'カールフォスター'

Calamagrostis×acutiflora 'Karl Foerster'
イネ科

[花期] 初夏〜冬　[休眠期の株の状態] 落葉
[草丈] 100〜200cm　[日照] 日向
[耐暑性] ■■■　[耐寒性] ■■■

直立した穂のグラスで、初夏には羽毛のような穂が生え、夏には細長いベージュ色に、冬には細い花茎だけが立ち枯れて残り、オーナメンタルで観賞価値の高いグラスです。湿潤な土を好みます。

ススキ'モーニングライト'

Miscanthus sinensis 'Morning Light'
イネ科

[花期] 晩秋
[休眠期の株の状態] 落葉
[草丈] 60〜120cm　[日照] 日向
[耐暑性] ■■■　[耐寒性] ■■■

斑入りイトススキのコンパクトな品種で、繊細で白い斑がさわやかな印象です。性質は強健で丈夫、草姿も暴れず行儀のよいカラーリーフプランツです。花穂の出てくるのが遅い品種で、穂は赤みがかかります。

スキザクリウム'プレーリーブルース'

Schizachyrium scoparius 'Prairie Blues'
イネ科

[花期] 夏〜秋　[休眠期の株の状態] 落葉
[草丈] 60〜100cm　[日照] 日向
[耐暑性] ■■■　[耐寒性] ■■■

やせぎみの乾燥した場所を好み、丈夫です。青色の葉が美しく、夏から穂が立ち上がり、秋の紅葉が楽しめます。とくに秋の穂はふんわりとして美しいです。肥沃や多湿、雨が多いと穂が倒れやすくなります。

スキザクリウム'スタンディングオベーション'

Schizachyrium scoparium 'Standing Ovation'
イネ科

[花期] 夏〜秋　[休眠期の株の状態] 落葉
[草丈] 60〜70cm　[日照] 日向
[耐暑性] ■■■　[耐寒性] ■■■

春〜夏は青色の葉が美しく、徐々に緑、紫、ピンクの色合いが葉に入り、秋には紅葉します。穂は直立し、強風や激しい雨でも倒れない優秀な性質です。丈夫でやせぎみの乾燥した場所を好みます。

パニカム'チョコラータ'

Panicum virgatum 'Chocolata'
イネ科

[花期] 夏〜秋
[休眠期の株の状態] 落葉
[草丈] 80〜120cm　[日照] 日向
[耐暑性] ■■■　[耐寒性] ■■■

強健で乾燥地〜湿潤、やせ地で育ちます。直立した草姿が美しく、葉先が濃いチョコレート色になり、秋には全体が赤く紅葉し、周年銅葉色が大変美しいグラスです。穂が出るとやや横に広がりやすいです。

ディスカンプシア'ゴールドタウ'

Deschampsia cespitosa 'Goldtau'
イネ科

[花期] 初夏〜秋
[休眠期の株の状態] 常緑〜半常緑
[草丈] 50〜80cm　[日照] 日向〜半日陰
[耐暑性] ■■■　[耐寒性] ■■■

緑の葉が密生し、株姿はコンパクトでまとまりがあります。柔らかな穂が徐々にスモーク状になり、黄色がかったボリュームのある姿になります。強乾燥に弱く風通しのよい湿潤な場所を好みます。

スティパ・テヌイッシマ

Stipa tenuissima
イネ科

[花期] 初夏〜夏
[休眠期の株の状態] 半常緑〜落葉
[草丈] 30〜50cm　[日照] 日向
[耐暑性] ■■■　[耐寒性] ■■■

糸状の柔らかな細い葉が風にそよぐ姿が美しい品種です。小型で狭小地にも使いやすいです。乾燥に強く蒸れに弱いため、風通しと水はけよく育てます。冬景色としてベージュ色の葉も楽しめます。

パニカム‘ヘビーメタル’

Panicum virgatum ‘Heavy Metal’
イネ科

［花期］夏～秋
［休眠期の株の状態］落葉
［草丈］80～160cm　［日照］日向
［耐暑性］■■■　［耐寒性］■■■

葉は芽出しから青緑色で初夏はとくに美しく、晩夏には緑みが強くなり、秋には黄葉します。直立して並びとても行儀がよく、強風にも倒れません。強健で乾燥地～湿潤、やせ地で育ちます。

パニカム‘シェナンドア’

Panicum virgatum ‘Shenandoah’
イネ科

［花期］夏～秋
［休眠期の株の状態］落葉
［草丈］80～120cm　［日照］日向
［耐暑性］■■■　［耐寒性］■■■

草姿は直立し、葉先が銅葉で新芽のときから色が入ります。秋の紅葉は赤い葉先にオレンジや黄色が加わり、周年葉色の変化を楽しめるグラスです。強健で、やせ地でも育ちます。

パニカム‘ノースウィンド’

Panicum virgatum ‘Northwind’
イネ科

［花期］夏～秋
［休眠期の株の状態］落葉
［草丈］120～180cm　［日照］日向
［耐暑性］■■■　［耐寒性］■■■

直立した姿が美しく、葉はグリーンで高性種、庭の背景にも使えます。秋の黄葉も大変美しい品種です。とても行儀がよく、強風や大雨でも倒れません。強健で乾燥地～湿潤、やせ地で育ちます。

アオチカラシバ
（ペニセタム・アロペクロイデス）

Pennisetum alopecuroides f. *viridescens*
イネ科

［花期］晩夏～秋　［休眠期の株の状態］落葉
［草丈］50～70cm　［日照］日向
［耐暑性］■■■　［耐寒性］■■■

チカラシバの野生種に比べてコンパクトで草丈が低く、穂もたくさん立ち上がるグラスです。光に当たり輝く姿が美しいです。こぼれ種でふえやすいため花後は早めのカットをおすすめします。強健でやせ地で育ちます。

フェスツカ‘フェスティーナ’

Festuca glauca ‘Festina’
イネ科

［花期］初夏
［休眠期の株の状態］常緑
［草丈］30～45cm　［日照］日向
［耐暑性］■■■　［耐寒性］■■■

グラウカの選抜種で、よりブルーに近い葉色とされ、明るいシルバーブルーの細い葉がこんもりと生育します。周年美しいカラーリーフとして活躍します。茶色い葉が混じってきたらこまめに取り除きましょう。

フウチソウ

Hakonechloa macra
イネ科

［花期］夏～秋
［休眠期の株の状態］落葉
［草丈］20～40cm　［日照］半日陰
［耐暑性］■■■　［耐寒性］■■■

黄金葉、斑入り葉、緑葉があり、風に揺れる草姿が涼しげな印象のグラスで丸い株になります。秋には黄色～オレンジ褐色に黄葉します。湿潤で水はけのよい土を好み、冬か春芽吹きの前に地ぎわで切り戻します。

ミューレンベルギア・カピラリス

Muhlenbergia capillaris
イネ科

[花期] 秋
[休眠期の株の状態] 落葉
[草丈] 60〜90cm [日照] 日向
[耐暑性] ■■■ [耐寒性] ■■□

秋に赤紫色の穂が幻想的なスモーク状になる美しいグラスで、秋の庭を彩ります。蒸れに強く適湿〜乾燥ぎみの場所を好みます。密生した葉は針のように細く青緑色で、花穂に光が当たると美しさが際立ちます。

ペニセタム'バーガンディバニー'

Pennisetum alopecuroides 'Burgundy Bunny'
イネ科

[花期] 夏〜秋 [休眠期の株の状態] 落葉
[草丈] 30〜40cm [日照] 日向〜半日陰
[耐暑性] ■■■ [耐寒性] ■■■

チカラシバの仲間で小型種。狭いスペースの庭で扱える品種です。夏までは緑色の葉ですが、秋に赤褐色に紅葉する葉が美しい品種です。強健で半日陰でも育ちますが、穂数が減ります。

ペニセタム'カシアン'

Pennisetum alopecuroides 'Cassian'
イネ科

[花期] 夏〜秋
[休眠期の株の状態] 落葉
[草丈] 50〜60cm [日照] 日向〜半日陰
[耐暑性] ■■■ [耐寒性] ■■■

チカラシバの仲間で夏からクリームピンクの穂をたくさん立ち上げ、風になびく穂が風情ある強健なグラスです。こぼれ種のふえ方は、ペニセタムのなかではゆるやかです。半日陰で育てると、穂数が減ります。

モリニア'カールフォスター'

Molinia caerulea subsp. *arundinacea* 'Karl Foerster'
オオバコ科

[花期] 初夏〜秋 [休眠期の株の状態] 落葉
[草丈] 180〜210cm [日照] 日向
[耐暑性] ■■■ [耐寒性] ■■■

直立したアーチ型の細い茎に、透明感のある花穂を咲かせます。茎は倒れにくく、そよぐ姿が壮麗で骨格の美しいグラスです。葉は株元にまとまり、秋からは全体が美しく黄葉します。水はけのよい、湿った土を好みます。

メリニス'サバンナ'

Melinis nerviglumis 'Savannah'
イネ科

[花期] 初夏〜秋
[休眠期の株の状態] 半常緑〜落葉
[草丈] 30〜60cm [日照] 日向
[耐暑性] ■■■ [耐寒性] ■■□

初夏から秋にかけて、かわいいピンクの穂をつけます。耐寒性が強くないため、土が凍るようなところは避けます。葉は明るい青緑色で、草姿も楽しめます。小さい庭でも扱えるコンパクトなグラスです。

ミューレンベルギア・レバコニー

Muhlenbergia reverchonii Undaunted
イネ科

[花期] 夏〜秋
[休眠期の株の状態] 落葉
[草丈] 40〜60cm [日照] 日向
[耐暑性] ■■■ [耐寒性] ■■■

エアリー感のある穂が特徴的で、カピラリスより小型種。冷涼地以外では穂は赤みが薄く、淡赤褐色から徐々に白っぽくなります。光に当たると美しさが際立ちます。蒸れに強く適湿〜乾燥ぎみの場所を好みます。

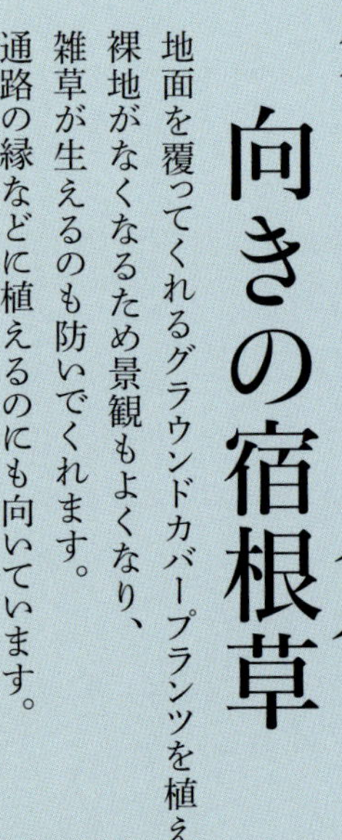

グラウンドカバー向きの宿根草

地面を覆ってくれるグラウンドカバープランツを植えると、裸地がなくなるため景観もよくなり、雑草が生えるのも防いでくれます。通路の縁などに植えるのにも向いています。

エゴポディウム'バリエガータ'

Aegopodium podagraria 'Variegata'
セリ科

[花期] 初夏
[休眠期の株の状態] 落葉
[草丈] 20～30cm　[日照] 半日陰
[耐暑性] ■■■　[耐寒性] ■■■

別名斑入りイワミツバ。淡いグリーンにクリーム色の斑が入り、半日陰をさわやかにしてくれます。地下茎でふえてゆき、シェードガーデンの下草向き。初夏に花茎を伸ばし、白いレースのような花を咲かせます。

アジュガ

Ajuga reptans
シソ科

[花期] 春～初夏
[休眠期の株の状態] 常緑　[草丈] 10～30cm
[日照] 半日陰～明るい日陰
[耐暑性] ■■■　[耐寒性] ■■■

匍匐性でマット状に広がります。葉色は銅葉の他、ピンクと白の斑入り葉の品種があり、葉が細いタイプもあります。穂となって咲く花は、紫の他ピンク、白。根が浅いので乾燥に弱く、半日陰向き。

クリーピングタイム

Thymus serpyllum
シソ科

[花期] 初夏～夏
[休眠期の株の状態] 常緑
[草丈] 5～10cm　[日照] 日向
[耐暑性] ■■■　[耐寒性] ■■■

匍匐性でカーペット状に広がり、ピンクの小花が手毬状に咲きます。湿気や霜は苦手で、水はけよく育てましょう。高温多湿の梅雨期や夏に弱りやすいので、込み合った部分は刈り取って風通しよくします。

オウゴンマルバマンネングサ

Sedum makinoi 'Aurea'
ベンケイソウ科

[花期] 初夏
[休眠期の株の状態] 常緑
[草丈] 10～15cm　[日照] 日向～半日陰
[耐暑性] ■■■　[耐寒性] ■■■

マルバマンネングサの黄金葉品種で明るいライムイエローの葉が特徴。這い性タイプで、こんもりと広がっていきます。乾燥に強く、水はけのよい土を好みます。株が込んできたら間引きましょう。

エリゲロン・カルビンスキアヌス

Erigeron Karvinskianus
キク科

[花期] 春～秋
[休眠期の株の状態] 落葉
[草丈] 20～30cm　[日照] 日向～半日陰
[耐暑性] ■■■　[耐寒性] ■■■

別名源平小菊。花期が長く、花径2cmほどの花は白からピンクへと変化します。茎が伸びすぎる場合は、蒸れないよう適宜切り戻しを。晩秋に枯れた茎を刈り込みます。丈夫でよく広がります。

ビンカ・ミノール

Vinca minor
キョウチクトウ科

[花期] 春〜初夏
[休眠期の株の状態] 常緑
[草丈] 5〜15㎝　[日照] 日向〜半日陰
[耐暑性] ■■■　[耐寒性] ■■■

別名ヒメツルニチニチソウ。枝元から多数の枝が伸びて、つる状に匍匐します。花は薄紫色。半日陰のグラウンドカバーにも向いています。斑入り葉の品種は先祖返りして緑葉が出たら切るようにします。

ディコンドラ

Dichondra
ヒルガオ科

[花期] 春〜初夏
[休眠期の株の状態] 常緑〜半常緑
[草丈] 3〜10㎝　[日照] 日向〜半日陰
[耐暑性] ■■■　[耐寒性] ■■■

ハート形の葉が地を這い、とても丈夫。緑葉のミクランサ種は湿り気のある場所を、シルバーリーフのアルゲンテア種は日当たりのよいやや乾燥した場所を好みます。寒冷地では冬に地上部が枯れます。

タツナミソウ

Scutellaria indica
シソ科

[花期] 春〜初夏
[休眠期の株の状態] 常緑　[草丈] 20〜40㎝
[日照] 日向〜明るい日陰
[耐暑性] ■■■　[耐寒性] ■■■

半日陰でもよく育ち、地下茎を伸ばしてふえ、下草やグラウンドカバーとして利用できます。花色は紫、ピンク、白。新しい葉が出たら、枯れている葉や傷んでいる葉を切ると見栄えがよくなります。

リシマキア・ヌンムラリア‘オーレア’

Lysimachia nummularia ‘Aurea’
サクラソウ科

[花期] 初夏
[休眠期の株の状態] 常緑〜半常緑
[草丈] 3〜10㎝　[日照] 半日陰〜明るい日陰
[耐暑性] ■■■　[耐寒性] ■■■

ライムグリーンの鮮やかな葉色がマット状に広がり、足元を明るくしてくれます。乾燥が苦手なので、西日や夏の直射日光が当たらない場所向き。半日陰でも育ちますが、日照不足だと花は咲きません。

ベロニカ‘ウォーターペリーブルー’

Veronica peduncularis cv. ‘Waterperry Blue’
オオバコ科

[花期] 早春〜晩春
[休眠期の株の状態] 常緑〜半常緑
[草丈] 5〜10㎝　[日照] 日向〜半日陰
[耐暑性] ■■■　[耐寒性] ■■■

マット状に広がり、グラス類や多くの宿根草が育つ前の早春に、さわやかな青色の小花が咲きます。花後に切り戻しをすると、春の終わりごろに再び花を咲かせます。冬には葉が紫がかった色になります。

フロックス‘シアウッドパープル’

Phlox stolonifera ‘Sherwood Purple’
ハナシノブ科

[花期] 春
[休眠期の株の状態] 常緑〜半常緑
[草丈] 10〜20㎝　[日照] 日向〜半日陰
[耐暑性] ■■■　[耐寒性] ■■■

別名ツルハナシノブ。匍匐して広がり、丈夫で環境を選びません。春先に青紫色の花が一面覆うように咲き、グラス類や初夏に大きくなる宿根草と見ごろの時期が重なりません。夏は半日陰が適地。

カラーリーフ

葉色や葉の模様の
美しさでガーデンを
彩ってくれる植物です。
半日陰でも
育てやすいものが多いので
シェードガーデンでも
活躍します。

カリガネソウ(斑入り)

Caryopteris divaricata 'Snow Fairy'
シソ科

[花期] 夏〜初秋
[休眠期の株の状態] 落葉
[草丈] 60〜90cm　[日照] 日向〜半日陰
[耐暑性] ■■■　[耐寒性] ■■■

日本に自生する野草の斑入り品種で、秋にユニークな形の青い花を咲かせます。繊細な斑入り葉が特徴で、切り戻しにより草姿をコントロールできます。湿潤な土を好むため夏の乾燥には注意。

アサギリソウ

Artemisia schmidtiana
キク科

[花期] 夏〜初秋
[休眠期の株の状態] 常緑
[草丈] 15〜30cm　[日照] 日向〜半日陰
[耐暑性] ■■□　[耐寒性] ■■■

北陸地方や東北の岩場に自生するヨモギの仲間。やわらかな銀白色の細かい葉が特徴です。高温多湿に弱いので、風通しのよい場所で乾燥ぎみに育てましょう。夏は半日陰になるところが向いています。

'ファーンライン'

'ポールズグローリー'

'ハルシオン'

'ジューン'

'ワイドブリム'

ギボウシ

Hosta
キジカクシ科

[花期] 夏　[休眠期の株の状態] 落葉
[草丈] 15〜170cm
[日照] 半日陰〜明るい日陰
[耐暑性] ■■■　[耐寒性] ■■■

別名ホスタ。カラーリーフの代表格。葉色はブルー系、黄金葉、斑入りなど多彩で、サイズも小型種から大型種まで多様。伸びた花茎に咲く白や薄紫色の花も魅力です。半日陰のやや湿った場所を好み、西日や夏の直射日光は葉焼けの原因に。3〜4年に一度、掘り起こして植え替えを。

トラディスカンティア

Tradescantia sp.
ツユクサ科

[花期] 初夏〜秋
[休眠期の株の状態] 半常緑〜落葉
[草丈] 30〜60㎝ [日照] 日向〜やや半日陰
[耐暑性] ■■■ [耐寒性] ■■■

別名ムラサキツユクサ。丈夫で土質を選ばず、凛とした草姿が魅力的。一日花ですが、毎日次々と咲きます。青紫以外に、ピンク、白の花色があり、黄金葉の'スイートケイト'はカラーリーフとして活躍。

ティアレラ

Tiarella cordifolia
ユキノシタ科

[花期] 晩春〜初夏
[休眠期の株の状態] 常緑
[草丈] 20〜40㎝ [日照] 日向〜半日陰
[耐暑性] ■■□ [耐寒性] ■■■

切れ込みがあり、多くの品種に赤紫の筋が入る葉が特徴。丈夫で植えっぱなしでよく、ピンクや白色の花穂をたくさんつけ、花を長く楽しめます。西日や夏の強い日差しが避けられる場所に植えましょう。

コクリュウ(黒竜)

Ophiopogon planiscapus 'Nigrescens'
キジカクシ科

[花期] 夏
[休眠期の株の状態] 常緑〜半常緑
[草丈] 10〜20㎝ [日照] 日向〜半日陰
[耐暑性] ■■■ [耐寒性] ■■■

オオバジャノヒゲの一品種。黒に近い葉色が特徴で、ガーデンのアクセントになります。花期には薄紫色の花が咲き、黒っぽい実も魅力。日陰でも育ちますが、日照量が多いほうが、葉色が濃くなります。

ブルンネラ

Brunnera macrophylla
ムラサキ科

[花期] 春〜初夏
[休眠期の株の状態] 半常緑〜落葉
[草丈] 30〜50㎝ [日照] 半日陰〜明るい日陰
(花期は日が当たったほうが花つきがよい)
[耐暑性] ■■□ [耐寒性] ■■■

ワスレナグサに似たブルーまたは白の小花を咲かせます。スペード型の葉が特徴で、シルバーリーフの品種や葉脈がはっきり出る品種などがあります。冷涼な気候を好み、夏の直射日光は避けましょう。

'キャラメル'

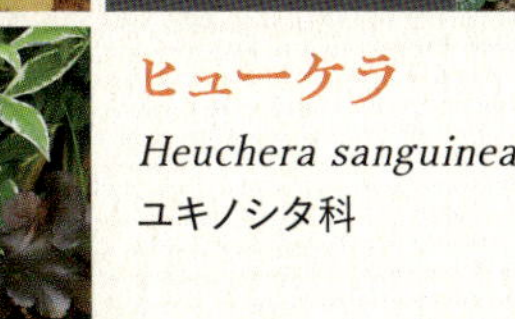
'ビューティーカラー'

'シャンハイ'

'ドルチェ ブラックジェイド'

ヒューケラ

Heuchera sanguinea
ユキノシタ科

[花期] 晩春〜夏
[休眠期の株の状態] 常緑〜半常緑
[草丈] 20〜80㎝
[日照] 半日陰〜明るい日陰
[耐暑性] ■■□ [耐寒性] ■■■

和名ツボサンゴ。葉色のバラエティが豊富。コンパクトな草姿で、花期に花茎が立ち上がりピンクや赤、白の花を咲かせます。植えるときは深植えしないように。成長すると茎が伸びて「ワサビ茎」になり、見た目がよくないので、株分けして埋めるようにします。

ユーフォルビア・ウルフェニー

Euphorbia characias ssp. *wulfenii*
トウダイグサ科

[花期] 春
[休眠期の株の状態] 常緑～半常緑
[草丈] 60～120cm　[日照] 日向
[耐暑性] ■■■　[耐寒性] ■■□

シルバーブルーの葉が美しい、大型のユーフォルビア。黄緑色の苞も魅力です。花後切り戻すと、株姿が整います。切ったときに出る乳白色の汁にかぶれる人もいるので注意を。乾燥に強く多湿は苦手。

ユーパトリウム'チョコレート'

Agerantina altissima 'Chocolate',
(*Eupatorium rugosum* 'Chocolate')
キク科

[花期] 夏～晩秋
[休眠期の株の状態] 落葉　[草丈] 80～100cm
[日照] 日向～半日陰
[耐暑性] ■■■　[耐寒性] ■■■

和名銅葉フジバカマ。春は葉がシックな黒色で、夏にはブロンズがかった緑に変化します。秋は白い花と葉のコントラストも魅力です。丈夫で育てやすい品種です。

プルモナリア

Pulmonaria
ムラサキ科

[花期] 早春～晩春
[休眠期の株の状態] 半常緑～落葉
[草丈] 20～40cm　[日照] 半日陰～明るい日陰
[耐暑性] ■■□　[耐寒性] ■■■

厚みのある船形の葉に斑が入り、日陰のカラーリーフとして活躍。シルバーリーフの品種もあります。紫やピンク、白の小花が密生し、花色が変化する品種もあります。水はけが悪いと根腐れしやすくなります。

ワイルドストロベリー 'ゴールデンアレキサンドリア'

Fragaria vesca 'Golden Alexandria'
バラ科

[花期] 春～秋
[休眠期の株の状態] 常緑～半常緑
[草丈] 20～30cm　[日照] 日向～やや半日陰
[耐暑性] ■■■　[耐寒性] ■■■

別名クサイチゴ。秋から春まで葉が黄金色で、夏はライムグリーンに。白い花と赤い実、葉のコントラストがきれいで、グラウンドカバーとしても活躍します。四季なりで、繰り返し開花、結実します。

ラムズイヤー

Stachys byzantina
シソ科

[花期] 初夏
[休眠期の株の状態] 半常緑～落葉
[草丈] 30～40cm　[日照] 日向～やや半日陰
[耐暑性] ■■□　[耐寒性] ■■■

葉は白い繊毛で覆われ、ビロードのような手触りです。初夏に咲く花はピンク色。夏の高温多湿が苦手で、蒸れると弱ることもあるので注意を。株が込み合ってきたら、株分けや挿し芽で株を更新しましょう。

ヤブラン(斑入り)

Liriope muscari 'Variegata'
キジカクシ科

[花期] 初夏～秋　[休眠期の株の状態] 常緑
[草丈] 20～40cm
[日照] 日向～明るい日陰
[耐暑性] ■■■　[耐寒性] ■■■

ヤブランの斑入り品種。丈夫でよくふえます。楚々とした薄紫色の花も魅力。秋に瑠璃色の実がなります。春先に根元から切ると、新芽がよく伸びます。日陰でも育ちますが、花が少なくなります。

半日陰向きの宿根草

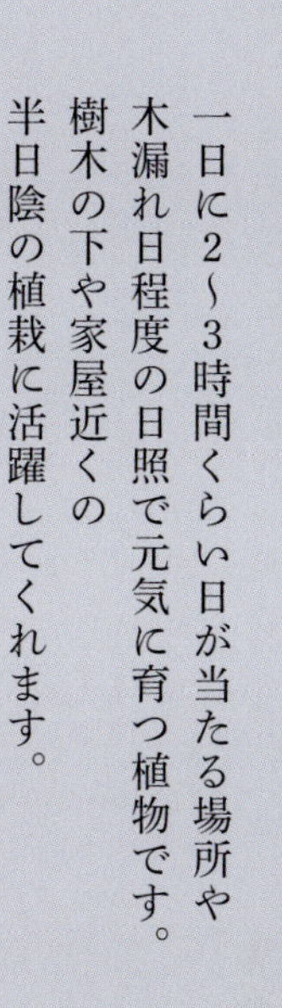

一日に2～3時間くらい日が当たる場所や木漏れ日程度の日照で元気に育つ植物です。樹木の下や家屋近くの半日陰の植栽に活躍してくれます。

イカリソウ

Epimedium grandiflorum var. *thunbergianum*
メギ科

[花期] 春～初夏
[休眠期の株の状態] 落葉～常緑
[草丈] 20～40cm　[日照] 半日陰～明るい日陰
[耐暑性] ■■■　[耐寒性] ■■■

花の形が錨に似ていることからこの名がつきました。日本に自生していますが、交配種の園芸品種も多くあります。花色は白、ピンク、黄色、紫など。葉の形も魅力です。常緑種もあります。丈夫で長寿です。

アスチルベ

Astilbe chinensis
ユキノシタ科

[花期] 初夏～夏
[休眠期の株の状態] 落葉
[草丈] 35～120cm　[日照] 日向～半日陰
[耐暑性] ■■■　[耐寒性] ■■■

自生種もありますが交配種、園芸品種も豊富です。優雅な円錐形のピンクや赤、白の花穂になり、葉もシードヘッドも魅力的。夏の乾燥に弱く湿り気を好みますが、比較的乾燥に強い品種もあります。

キョウガノコ

Filipendula purpurea
バラ科

[花期] 初夏
[休眠期の株の状態] 落葉　[草丈] 60~80cm
[日照] 日向、半日陰～明るい日陰
[耐暑性] ■■■　[耐寒性] ■■■

緑にギザギザが入るモミジ形の大きな葉が特徴。泡状の花は濃いピンクの他、白花の品種もあります。やや湿りぎみの土地を好み、夏の乾燥と西日が苦手。うどんこ病予防のため、風通しよく管理します。

キバナホウチャクソウ

Disporum uniflorum
イヌサフラン科

[花期] 春～初夏
[休眠期の株の状態] 落葉
[草丈] 35～50cm　[日照] 半日陰～明るい日陰
[耐暑性] ■■■　[耐寒性] ■■■

春に花茎に釣り鐘状の黄色い花が咲きます。凛とした葉姿が美しく、秋の黄葉も見どころです。環境が合えば数年でたくさんの株が育ちます。夏の直射日光や西日が当たらない場所で育てるようにします。

ウツボグサ

Prunella vulgaris subsp. *Asiatica*
シソ科

[花期] 初夏
[休眠期の株の状態] 落葉
[草丈] 15～30cm　[日照] 日向～半日陰
[耐暑性] ■■■　[耐寒性] ■■■

もともと海岸や高原など、日当たりと風通しのよい場所に自生。3～5cmの花穂が立ち上がり、花色は基本が紫で、他に白、ピンクなどがあります。株の寿命は比較的短く、種を採取するなどしてふやします。

セキショウ

Acorus gramineus
ショウブ科

[花期] 春
[休眠期の株の状態] 常緑
[草丈] 5〜50cm　[日照] 日向〜明るい日陰
[耐暑性] ■■■　[耐寒性] ■■■

日本の水辺に自生し、流れのあるすらりとした葉が特徴。矮性から高性まであり、葉も緑、斑入り、黄金葉があります。和風洋風問わず使いやすく、グラウンドカバーやシェードガーデンにも向きます。

シラン

Bletilla striata
ラン科

[花期] 初夏
[休眠期の株の状態] 落葉　[草丈] 40〜70cm
[日照] 日向〜明るい日陰
[耐暑性] ■■■　[耐寒性] ■■□

丈夫で育てやすいラン。木陰でも育ち、地被にもなり、丈夫でよくふえます。赤紫の基本種の他、白花品種、青花品種、花弁の先端がピンクになる口紅シラン、葉の縁に斑がある覆輪シランなどがあります。

ゲラニウム'ビオコボ'

Geranium×cantabrigiense 'Biokovo'
フウロソウ科

[花期] 初夏
[休眠期の株の状態] 常緑〜半常緑
[草丈] 15〜25cm　[日照] 日向〜半日陰
[耐暑性] ■■■　[耐寒性] ■■■

こんもり茂った株から淡いピンクの花が溢れるように咲きます。株姿が乱れにくいのも特徴。芽出し時は日が当たり、真夏は半日陰になる場所が理想です。比較的乾燥にも強く、丈夫でよくふえます。

ニリンソウ

Anemone flaccida
キンポウゲ科

[花期] 春
[休眠期の株の状態] 落葉
[草丈] 10〜20cm　[日照] 半日陰
[耐暑性] ■■□　[耐寒性] ■■■

日本各地に自生するアネモネの仲間。春先に葉の間から茎が伸び、かわいい白い花を多くの場合2輪咲かせることからこの名がつきました。花が終わると葉も消え、休眠します。やや湿り気のある土地を好みます。

'浮雲錦'

ツワブキ

Farfugium japonicum
キク科

[花期] 秋〜初冬
[休眠期の株の状態] 常緑
[草丈] 35〜50cm　[日照] 日向〜半日陰
[耐暑性] ■■■　[耐寒性] ■■■

大きくて丸いつややかな葉が特徴で、斑入りや覆輪、葉が縮れる獅子葉のものなど、さまざまな園芸品種があります。秋にすっと伸びた花茎の先に黄色い花を咲かせ、丁字咲き、八重咲きもあります。

チョウジソウ

Amsonia elliptica
キョウチクトウ科

[花期] 晩春〜初夏
[休眠期の株の状態] 落葉
[草丈] 30〜70cm　[日照] やや半日陰
[耐暑性] ■■■　[耐寒性] ■■■

花茎がまっすぐ立ち、星のような清楚な淡いブルーの花を咲かせます。秋の紅葉も魅力。丈夫でよくふえます。全草に毒性を持ち、枝葉を切ると乳液が出るため直接触れないように注意。適湿を好みます。

ヘレボルス

Helleborus
キンポウゲ科

[花期] 冬〜早春
[休眠期の株の状態] 常緑
[草丈] 20〜50cm [日照] 半日陰
[耐暑性] ■■□ [耐寒性] ■■■

別名クリスマスローズ。ヘレボルス・オリエンタリスを主要な交配親とし、さまざまな交雑種があり、花色も白、薄緑、ピンク、黄色、赤紫、黒など多彩で八重の品種もあります。強健で育てやすく、他の植物に先駆けて花を咲かせるので、冬枯れの庭を彩ります。

ベルゲニア

Bergenia
ユキノシタ科

[花期] 早春〜春
[休眠期の株の状態] 常緑
[草丈] 20〜40cm [日照] 日向〜半日陰
[耐暑性] ■■■ [耐寒性] ■■■

別名ヒマラヤユキノシタ。つやのある大きな葉と、花茎の先に咲く花が魅力。花色は赤、ピンク、白があり、秋冬に赤や褐色に紅葉する品種もあります。適湿を好み、丈夫で放任でもよく育ちます。

ホトトギス

Tricyrtis hirta
ユリ科

[花期] 夏〜秋
[休眠期の株の状態] 落葉
[草丈] 40〜80cm [日照] 半日陰
[耐暑性] ■■□ [耐寒性] ■■■

林の下草として自生する植物。花びらの斑点がホトトギスの胸の模様に似ていることからこの名がつきました。白花や黄花、斑入り葉の園芸品種もあります。半日陰でやや湿り気のある場所が適地です。

ホタルブクロ

Campanula punctata
キキョウ科

[花期] 初夏〜夏
[休眠期の株の状態] 落葉 [草丈] 30〜80cm
[日照] 日向〜明るい日陰
[耐暑性] ■■□ [耐寒性] ■■■

大きな釣り鐘状の花は、花弁の先が5片に裂け、少し反り返っています。さまざまな園芸品種があり、花色も紫、ピンク、白など。ヨーロッパのカンパニュラとの交配種もあります。子株ができてふえます。

ホウチャクソウ

Disporum sessile
イヌサフラン科

[花期] 春〜初夏
[休眠期の株の状態] 落葉 [草丈] 20〜40cm
[日照] 半日陰〜明るい日陰
[耐暑性] ■■■ [耐寒性] ■■■

山林に自生する植物。釣り鐘状の花は白にうっすら緑色が入り、清楚な雰囲気。観賞用には斑入り葉の園芸品種が人気です。明るい日陰が適地で、夏の直射日光は避けるようにしましょう。

ロジャージア

Rodgersia podophylla
ユキノシタ科

[花期] 初夏
[休眠期の株の状態] 落葉　[草丈] 60〜120cm
[日照] 半日陰〜明るい日陰
[耐暑性] ■■□　[耐寒性] ■■■

別名ヤグルマソウ。5つに裂けた切れ込みのある大きな葉が特徴で、銅葉品種もあります。長く伸びる花茎に、泡が集まったような花穂をつけます。沢沿いなどに自生するので、湿り気のある土地を好みます。

リグラリア

Ligularia dentata
キク科

[花期] 夏　[休眠期の株の状態] 半常緑〜落葉
[草丈] 50〜100cm
[日照] 半日陰〜明るい日陰
[耐暑性] ■■■　[耐寒性] ■■■

黒い茎にフキに似た大きな葉が特徴。花茎を伸ばし、夏に黄色い花を咲かせます。銅葉の色の濃い品種もあり、春・秋に半日程度日の当たる場所に植えるときれいに発色します。

ミヤコワスレ

Aster savatieri
キク科

[花期] 晩春〜初夏
[休眠期の株の状態] 落葉
[草丈] 20〜30cm　[日照] 日向〜半日陰
[耐暑性] ■■□　[耐寒性] ■■■

古くから日本で愛されてきた花。花径は3.5〜4cmで、花色は濃紫、薄紫、ピンク、白など。春、花数が減る頃に弱く切り戻すと再びわき芽が伸びて開花します。適湿を好みます。

ベニシダ

Dryopteris erythrosora
オシダ科

[休眠期の株の状態] 半常緑〜落葉
[草丈] 20〜40cm　[日照] 半日陰〜明るい日陰
[耐暑性] ■■■　[耐寒性] ■■□

新葉が赤やオレンジを帯びるのが特徴。気温が上がると、さわやかなライムグリーンに変化していきます。高温多湿にも強く、丈夫で育てやすい品種。暖地では常緑です。乾燥が苦手で、湿り気のある土地を好みます。

ニシキシダ

Athyrium niponicum
メシダ科

[休眠期の株の状態] 半常緑〜落葉
[草丈] 20〜40cm　[日照] 半日陰〜明るい日陰
[耐暑性] ■■■　[耐寒性] ■■■

日本に自生するニシキシダの選抜種が、園芸品種となっています。半日陰で湿り気のあるところが適地。株が小さいうちは葉色の特徴が弱いですが、大きな株になると美しいシルバーリーフとなり、赤紫色を帯びる品種もあります。

クジャクシダ

Adiantum pedatum
ホウライシダ科

[休眠期の株の状態] 落葉　[草丈] 30〜40cm
[日照] 半日陰〜明るい日陰
[耐暑性] ■■■　[耐寒性] ■■■

日本各地に自生するシダ。ゆるやかに弧を描く繊細な羽状葉がエレガント。春の芽吹き時は、葉がやや赤みを帯び、展開すると明るい緑色になるのでシェードガーデンを明るくしてくれます。湿り気のある半日陰を好み、直射日光を避けて育てます。

宿根草名索引

本書で取り上げた宿根草の名前を五十音順に並べてあります。
赤い文字は「庭を彩る宿根草図鑑」(p97〜)で説明しているものを指しています。
※なお、つる性植物、球根植物も掲載(緑文字)しています。